Das Meer

333-mal
was Kinder wirklich
wissen wollen

Feryal Kanbay

Compact Verlag

Liebe Leserin, lieber Leser!

Vielleicht warst du schon einmal im Urlaub am Meer und hast im Wasser und am Strand viele interessante Entdeckungen gemacht. Vielleicht lebst du sogar in einer Stadt, die am Meer liegt. Und wenn du das Meer noch nicht gesehen hast, kennst du es sicher aus Büchern und Filmen im Fernsehen oder im Kino.

Das Meer ist sehr wichtig für unser tägliches Leben. Es ernährt uns und bietet uns Bodenschätze, die wir zur Energiegewinnung benötigen. Das Meer birgt aber auch viele Gefahren. Sturmfluten und Riesenwellen können ganze Küsten überfluten. Schiffe laufen auf hoher See auf Riffe und gehen unter. Dennoch ist das Meer sehr kostbar und bietet zahlreichen Lebewesen eine Heimat.

Es gibt es sicher eine Fülle von Fragen über das Meer, auf die du noch keine Antwort weißt: Wie entstand das Meer? Wie sieht der Meeresboden aus? Wie entstehen Wellen? Kann das Meerwasser gefrieren? Wie tief ist das Meer? Was sind Gezeiten? Welche Tiere leben in der Tiefsee? Seit wann gibt es Schiffe? In diesem Buch kannst die Antworten auf all diese Fragen nachlesen. Solltest du einen bestimmten Begriff suchen, kannst du ihn im alphabetischen Stichwortverzeichnis nachschlagen.

Und nun viel Spaß bei der Entdeckungsreise auf den Meeren und Ozeanen unserer Erde.

Bisher sind in dieser Reihe erschienen: Der Weltraum, Rekorde aus dem Reich der Tiere, Unser Körper

© 2008 Compact Verlag München
Alle Rechte vorbehalten. Nachdruck, auch auszugsweise,
nur mit ausdrücklicher Genehmigung des Verlages gestattet.
Text: Feryal Kanbay
Chefredaktion: Dr. Angela Sendlinger
Redaktion: Anna Häring
Produktion: Wolfram Friedrich
Abbildungen: **dpa Picture-Alliance, Frankfurt:** S. 4–5, 7–8, 11–12, 14–15, 29–31, 34, 36, 42–43, 46, 49–53, 61–63, 69, 71, 75, 80, 85–87, 90–94, 97–99, 103–104, 109 / **Mauritius Bildagentur, Mittenwald:** S. 6, 8, 13, 42, 54, 67 / **www.fotolia.de:** Ahrent, Kristian S. 94 / airmaria S. 81 / AK-Photo Hannover S. 21 / AlienCat S. 67 / bacalao S. 57 / Balonici S. 111 / BENITO, Stephane S. 22 / BIYAHMADINE, Nabil S. 101 / Bond, Mark S. 25 / Christian S. 16 / Cool Graphics S. 26 / Cosmic S. 107 / Creative99 S. 99 / drizzd S. 103 / Erika S. 75 / erikdegraaf S. 101 / Estvanik, Steve S. 45 / flucas S. 39 / Foustontene S. 19 / Heim, Ramona S. 35, 95 / Hojdysz, Frantisek S. 106 / Janecze, Piotr S. 108 / Kaiya_Rose S. 77 / Kaveney, Wendy S. 73 / kernel S. 56 / Kissling, Henning S. 107 / Klug, Michael S. 71 / Knie, Sven S. 28 / KoMa S. 43 / Krüttgen, Matthias S. 32, 44 / kw-on S. 18 / Lianem S. 21 / Maisto, Alberto S. 32 / Marx, Stephen S. 87 / MAXFX S. 5 / mipan S. 27 / mjpixel S. 76 / moonrun S. 44 / Moore, Paul S. 66 / Mostovoy, Sergey S. 41 / Natoli, Clara S. 100 / Neish, Noicolette S. 65 / Ocean-Image.net S. 105 / outdoorsman S. 55 / Parfyonov, Andrey S. 82 / patpatterson S. 20 / Patrizier-Design S. 89 / Pavisic, Nino S. 88 / Ponomarev, Sergio S. 24 / Rasel, Thomas S. 56 / Richter, Stefan S. 82 / Roach, Karen S. 60 / Rose, Armin S. 25 / Roussel, Adrien S. 86 / Santihago S. 89 / Schinck, Peter S. 47 / Schwartz, Hendrik S. 83 / Sekulic, Kristian S. 105 / Skogas S. 29 / Somers, Raldi S. 26 / srphotos S. 38 / Steidl, James S. 109 / Sunny 3 S. 77 / Tinichan S. 64 / titibou S. 111 / Viskova, Klara S. 45 / weim S. 102 / Will, Jan S. 27 / Zahid, Ahmed S. 10, 17 / **www.pixelio.de:** Barnebeck, Jochen S. 65 / Baumgärntner, Udo S. 78 / cameraobscura S. 23 / Claussen, Martin S. 47, 84 / Dreher, A. S. 15 / Goetzke, Jens S. 72 / joakant S. 48, 50 / Jochen S. 63 / Marx, Paul S. 68 / Miroslaw S. 59, 60 / Scherer, Michael, Hamburg S. 79 / Schoenemann, Gabi S. 16, 40 / Schoettler, Christian S. 48 / Schröder, Thorsten S. 58 / sprisi S. 19 / strichcode S. 34 / Sturm, Rainer S. 33, 39 / Tobi F S. 28 / Trampert, Ulla S. 22 / Wolf, Klaus-Peter S. 59 / wrw S. 84 / Wulff, R. S. 6
Titelabbildungen: **Mauritius Bildagentur, Mittenwald; www.fotolia.de:** Geldmacher, Joerg; Santa Maria, Gino; Smillie, Alan; Syncerz, Marzanna; Tokarev, Sergey
Gestaltung: EKH Werbeagentur GbR
Umschlaggestaltung: Bettina Weisl

ISBN 978-3-8174-6552-1
5465521

Besuchen Sie uns im Internet: www.compactverlag.de

Inhalt

Sonderthemen

Welche Arten von Meeren gibt es?

Alle Meere sind Teile einer einzigen Wasserfläche, welche die ganze Erde umspannt. Die Wassermassen werden von den Landmassen der Erde in Weltmeere (Ozeane) und Nebenmeere gegliedert. Fast 90 Prozent der Wasseroberfläche gehören zu den drei Weltmeeren Atlantischer, Pazifischer und Indischer Ozean. Mit den Weltmeeren sind die kleineren Nebenmeere verbunden. Dazu zählen die Binnenmeere, die Randmeere und die sogenannten Mittelmeere, die zwischen den Kontinenten liegen.

Die Nordsee ist ein Randmeer, das Europäische Mittelmeer ist ein Mittelmeer, die Ostsee und das Schwarze Meer sind Binnenmeere.

Wodurch unterscheiden sich Mittelmeere von Binnen- und Randmeeren?

Mittelmeere sind sehr große Nebenmeere, die zwar deutlich von den Ozeanen getrennt, aber dennoch mit ihnen verbunden sind. Sie grenzen an zwei oder mehrere Kontinente. Das Europäische Mittelmeer liegt zum Beispiel zwischen Europa, Afrika und Asien. Die meist etwas kleineren Binnenmeere sind Meere, die nur durch extrem schmale Meeresstraßen mit einem Ozean oder einem anderen Nebenmeer verbunden sind. Ein Beispiel für ein Binnenmeer ist das Schwarze Meer, das über die Meerengen Bosporus und Dardanellen mit dem Mittelmeer verbunden ist. Randmeere sind Nebenmeere, die am Rand der Ozeane liegen und zum Beispiel durch eine große Insel oder eine Inselgruppe nur leicht abgegrenzt werden. Zu den Randmeeren zählen die Nordsee, das Südchinesische Meer und das Beringmeer zwischen Alaska und Sibirien.

Was ist der Meeresspiegel?

Der Meeresspiegel ist die Oberfläche des Meeres. Man benutzt diesen Begriff für die Höhe null (Fachbegriff: Nullniveau) auf der Erde. Stell dir vor, der Meeresspiegel bilde eine Linie. Alles, was sich oberhalb dieser Linie befindet, liegt folglich über dem Meeresspiegel. Dazu gehört ein Großteil dessen, was du an Land finden kannst. Alles, was sich unterhalb dieser Linie befindet, liegt unter dem Meeresspiegel. Dazu gehört hauptsächlich das, was wir im Meer finden können. Der Begriff Mee-

Meereslandschaften

Fridtjof Nansen (1861–1930)

Der Norweger gilt als einer der bedeutendsten Polarforscher der Welt. Er ließ sich 1893 mit seiner Mannschaft auf seinem Schiff „Fram" im nördlichen Polareis absichtlich einfrieren und mit den Eismassen nordwärts treiben. Sein Ziel war es, auf diese Weise den Nordpol zu erreichen. Das gelang ihm zwar nicht, aber er machte durch die Löcher im Eis viele Beobachtungen und erkannte, dass das Polarbecken ein tiefes Ozeanbecken ist. Er und seine Männer wurden erst 1896 aus dem Packeis befreit.

Der Polarforscher Fridtjof Nansen

resspiegel ist eine wichtige Bezugslinie bei Höhenangaben, zum Beispiel bei Gebirgen. Der höchste Berg der Erde ist der Mount Everest im Himalaja und seine Höhe beträgt knapp 8850 Meter über dem Meeresspiegel.

Welchen Bereich des Meeres bezeichnet man als Tiefsee?

Bereiche der Ozeane, die unterhalb von 800 Meter Tiefe liegen, nennt man Tiefsee. Dorthin kann kein Licht mehr gelangen, sodass diese Gebiete komplett im Dunkeln liegen. Über zwei Drittel der Ozeane werden zur Tiefsee gezählt. Sie wird in verschiedene Bereiche unterteilt:

- unterer Kontinentalabhang (800 bis 3000 Meter Tiefe)
- Tiefseebecken (3000 bis 5500 Meter Tiefe)
- Tiefseegräben/Tiefseerinnen (5500 bis 11.000 Meter Tiefe)

Was sind Polarmeere?

Als Polarmeer oder Eismeer bezeichnet man die Meere in den Polargebieten (Arktis und Antarktis), die mit Eis bedeckt sind. Das Meer im Gebiet der Arktis ist das Nordpolarmeer. Es ist 14.056 Millionen Quadratkilometer groß und fast vollständig von Landmassen umgeben. Die etwa drei Meter dicke Eisdecke taut im Sommer nur teilweise auf. Das Südpolarmeer ist 20.327 Millionen Quadratkilometer groß und umgibt das antarktische Festland. Im Winter entsteht ein Meereisgürtel um den antarktischen Kontinent, den die Schiffe dann nicht mehr durchdringen können.

Die Polarmeere sind mit Eis bedeckt.

Was versteht man unter Schelf?

Die Kontinente unserer Erde sind große geschlossene Landmassen. Sie steigen nicht als steile Mauern aus den Tiefen der Ozeane auf, sondern sind von einem zur Küste hin sanft ansteigenden Sockel umgeben. Diesen flachen, höchstens bis zu 200 Meter tiefen Meeresboden bezeichnet man als Schelf, auch Kontinentalschelf oder Festlandsockel. Die Schelfgebiete lagen bis zum Ende der letzten Eiszeit — vor etwa 10.000 Jahren — noch über dem Wasser. Erst als die Eismassen abtauten, stieg der Wasserspiegel allmählich an. So entstanden auch die sogenannten Schelfmeere, die nur 60 bis 200 Meter tief sind. Schelfmeere sind zum Beispiel die Nordsee, die Ostsee und das Beringmeer. In den flachen und lichtdurchfluteten Schelfmeeren leben besonders viele Pflanzen und Tiere.

Die flache Ostsee zählt zu den Schelfmeeren.

Was ist ein Kontinentalabhang?

In einer Tiefe von etwa 200 Metern fällt der Schelf plötzlich steil bis zum Grund der Tiefsee ab. Diesen Abhang nennt man Kontinentalabhang. Er reicht bis in 3000 Meter Tiefe. Erst hier beginnt der tatsächliche Meeresboden. In die Kontinentalabhänge sind riesige, oft viele hundert Meter tiefe Schluchten, die Canyons, eingekerbt. Zum Kontinentalabhang dringt kein Sonnenlicht durch und deshalb gibt es hier keinen Pflanzenwuchs. An den Böschungen leben räuberische und oft seltsam aussehende Meerestiere.

Der Kontinentalabhang fällt bis zum Grund des Meeres hinab.

Wie sehen Tiefseebecken aus?

Am Fuß des Kontinentalabhangs haben sich Ablagerungen festgesetzt, die im Laufe der Zeit vom Festland her angespült wurden. Dadurch endet der Kontinentalabhang nicht plötzlich, sondern fällt sanft ab und endet schließlich auf dem Ozeanboden. Hier beginnen die Tiefseebecken. Die Becken machen etwa 70 Prozent des gesamten Meeres-

Meereslandschaften

Plattentektonik – ein Puzzle

Die äußere feste Schale der Erde besteht aus der Erdkruste und dem oberen Erdmantel (Lithosphäre). Sie ist in viele starre Platten (tektonische Platten) zerbrochen, die auf einer heißen, zähflüssigen Zwischenschicht

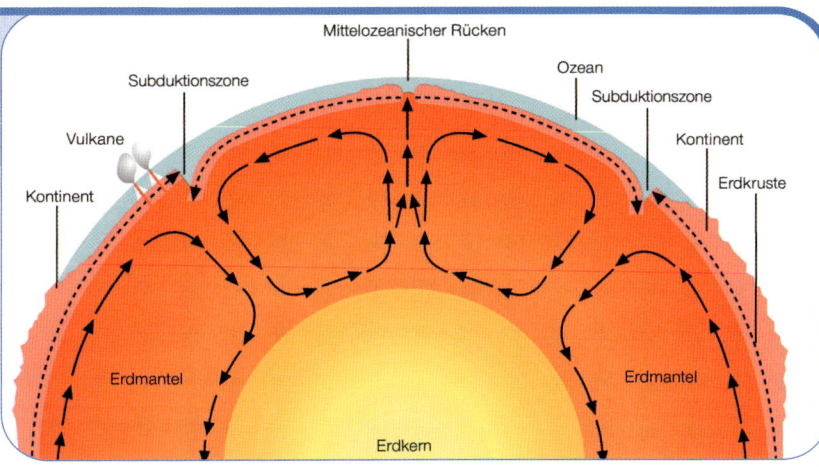

(Asthenosphäre) ständig in langsamer Bewegung sind. Du kannst dir die Erde also wie ein riesiges Puzzle vorstellen, das sich aus sieben sehr großen und mehreren kleinen Platten zusammensetzt. Eine Platte kann sowohl Ozeane als auch Kontinente tragen oder nur einen Kontinent beziehungsweise nur einen Ozean. Diese Lehre nennt man Plattentektonik.

bodens aus. Sie erstrecken sich in etwa 3000 bis 5500 Meter Tiefe zwischen den Kontinentalrändern und dem Mittelozeanischen Rücken und werden durch Ebenen (Tiefseeebenen), Schwellen (Tiefseeschwellen) und Bruchzonen (Tiefseegräben) gegliedert. Weltweit gibt es viele Tiefseebecken, zum Beispiel das Marianenbecken, das Fidschibecken und das Madagaskarbecken.

Wie entstehen ozeanische Rücken?

Lange Zeit nahmen die Forscher an, der Boden der Tiefsee sei so flach und gerade wie eine Tischplatte. Aber inzwischen weiß man, dass die Unterwasserlandschaft nicht nur aus Ebenen, sondern auch aus Bergen, Tälern, Schluchten und sogar ganzen Gebirgszügen besteht. Diese riesigen, lang gestreckten Gebirgszüge werden ozeanische Rücken genannt. Sie entstehen durch einen sehr langsam ablaufenden Prozess: Die Platten der Erdkruste, die die Erdteile tragen, heißen Kontinentalplatten. Wenn sie sich

voneinander wegbewegen (Kontinentaldrift), reißt der Meeresboden auf und es entsteht ein Graben, der mehrere Tausend Kilometer lang ist. Aus diesem Graben steigt in bestimmten Abständen Magma — das ist ein sehr heißes, geschmolzenes Gesteinsmaterial aus dem Erdinneren — auf. Dieses geschmolzene Gesteinsmaterial schiebt wiederum die ozeanischen Platten — das sind Platten der Erdkruste unter den Ozeanen — auseinander. So entstand der Mittelozeanische Rücken. Dieser Vorgang läuft sehr langsam ab: Pro Jahr werden die Platten nur um wenige Zentimeter auseinandergedrückt.

Was sind Tiefseeschwellen?

Tiefseeschwellen sind Erhebungen auf dem Boden der Tiefseebecken, die bis zu 4000 Meter über die Tiefseeebenen hinausragen können und die Tiefseebecken voneinander trennen. Manche Tiefseeschwellen sind einige Tausend Kilometer lang und 150 Kilometer breit.

Was ist der Mittelozeanische Rücken?

Der Mittelozeanische Rücken ist ein untermeerischer Gebirgszug, der die Weltmeere durchzieht. Mit einer Länge von rund 60.000 Kilometern ist er das größte zusammenhängende Gebirgssystem der Erde. Er ist durchschnittlich 3000 Meter hoch und bis zu 1000 Kilometer breit. Der Mittelozeanische Rücken setzt sich aus mehreren Gebirgszügen zusammen: dem Ostpazifischen Rücken, dem Mittelatlantischen Rücken, dem Atlantisch-Indischen Rücken, dem Zentralindischen Rücken, dem Bengalischen Rücken und dem Indisch-Arktischen Rücken.

Wo ist der höchste Gipfel des Mittelatlantischen Rückens?

Dieser mächtige Gebirgsrücken erstreckt sich von Süden nach Norden über rund 18.000 Kilometer und teilt den Atlantischen Ozean in zwei Hälften. Sein höchster Gipfel ragt fast 9000 Meter vom Meeresgrund auf, 2351 Meter davon befinden sich über dem Meeresspiegel. Es ist der Vulkan Ponta

Der Vulkan Ponta do Pico

do Pico auf der Azoreninsel Pico. Auch viele der anderen Inseln im Meer sind die Spitzen untermeerischer Gebirge.

Der Mauna Kea misst 10.205 Meter.

Wo ist der höchste Berg des Meeres?

Neben dem höchsten Berg des Meeres, dem Mauna Kea, sieht der Mount Everest, der mit 8850 Metern über dem Meeresspiegel der höchste Berg an Land ist, wie ein Zwerg aus. Dieser Vulkan auf Hawaii im Pazifik misst vom Meeresgrund bis zur Spitze 10.205 Meter. Davon sind jedoch nur 4205 Meter über dem Meer, also als Land sichtbar. Damit ist der Mouna Kea der höchste Berg der Welt.

Was sind Tiefseeberge?

Tiefseeberge, auch untermeerische Berge genannt, sind Vulkane, die zum Teil erloschen sind. Sie steigen mehr als 1000 Meter vom umgebenden Meeresboden auf, ragen aber nicht über die Wasseroberfläche hinaus. Wissenschaftler schätzen, dass es auf dem gesamten Tiefseeboden etwa 100.000 solcher Seeberge gibt. Oft stehen mehrere einzelne Seeberge nebeneinander auf dem Meeresboden und bilden eine Art Bergkette. Es gibt auch Seeberge, die ganz allein auf dem Meeresgrund stehen.

Meereslandschaften

Die tiefsten Tiefseegräben der Welt
Ein Überblick

Pazifik	Marianengraben	11.034 Meter (tiefste Stelle)
Pazifik	Japangraben	10.554 Meter (tiefste Stelle)
Pazifik	Kurilengraben	10.542 Meter (tiefste Stelle)
Atlantik	Puerto-Rico-Graben	9219 Meter (tiefste Stelle)
Indischer Ozean	Sundagraben	7455 Meter (tiefste Stelle)

Wie nennt man Seeberge mit flachem Gipfel?

Seeberge, die keinen spitzen, sondern einen abgeflachten Gipfel haben, nennt man Guyots oder Tiefseekuppen. Ihren Namen erhielten sie nach dem Schweizer Naturforscher Arnold Guyot. Diese Seeberge stehen als einzelne Berge auf dem Ozeanboden. Man findet sie hauptsächlich im mittleren Teil des Pazifischen Ozeans, vor allem südwestlich von Hawaii. Vermutlich ragten die Guyots früher über die Meeresoberfläche hinaus. Ihre Gipfel wurden jedoch mit der Zeit von der Meeresbrandung abgetragen und abgeflacht.

Was sind Tiefseegräben?

Am Rande der Kontinente — weit entfernt von allen untermeerischen Gebirgen — haben sich lang gestreckte, v-förmige Rinnen im Meeresboden gebildet. Diese heißen Tiefseegräben oder Tiefseerinnen. Oft sind sie über 1000 Kilometer lang, bis zu 60 Kilometer breit und 5500 bis über 11.000 Meter tief. Die 2963 Meter hohe Zugspitze der Bayerischen Alpen würde zum Beispiel völlig in ihnen verschwinden. Wir kennen mehr als 20 Tiefseegräben, von denen die meisten im Pazifischen Ozean, drei im Atlantischen und nur einer im Indischen Ozean liegen.

Wo entstehen Tiefseegräben?

Wir wissen, dass die Platten der Erdkruste ständig in Bewegung sind. Bewegen sich zwei solche Platten aufeinander zu, dann schiebt sich eine oft unter die andere und sinkt langsam ins Erdinnere. Da es im Erdinneren sehr heiß ist, schmilzt sie und an dieser Stelle entsteht dann ein Tiefseegraben. Diese Abtauchstelle bezeichnen Wissenschaftler als Subduktionszone — ein kompliziertes Wort!

Wann wurde der erste Tiefseegraben entdeckt?

Da die Erforschung der Meerestiefen erst im 19. Jahrhundert begann, wurde der erste Tiefseegraben ziemlich spät entdeckt: Im Jahre 1874 fand ihn die Besatzung des amerikanischen Forschungsschiffes „Tuscarora" nordöstlich von Japan. Heute trägt diese 10.542 Meter tiefe Meeresrinne den Namen Kurilen-Kamtschatka-Graben.

Wo ist die tiefste Stelle der Erde?

Am tiefsten ist das Weltmeer südöstlich der Marianen, einer Inselkette im Pazifischen Ozean. Dort, im Marianengraben, befindet sich auch die tiefste Stelle der Erde. Im Jahr 1957 stellten die Messgeräte des sowjetischen Schiffes „Witjas" eine Tiefe von sage und schreibe 11.034 Metern fest. Nur zum Vergleich: Die Nordsee ist durchschnittlich nur 94 Meter tief! Der Marianengraben erstreckt sich über mehr als 2500 Kilometer.

Wann wurden die Schwarzen Raucher entdeckt?

Im Jahr 1977 entdeckten Forscher gewaltige „Schornsteine" auf dem Meeresgrund vor den Galapagosinseln, die sogenannten „Schwarzen Raucher". Es handelt sich um Heißwasserquellen im Mittelozeanischen Rücken. Über diesen Quellen befinden sich schwarze, bis zu zehn Meter hohe Kamine. Sie entstehen, wenn sich Schwefelverbindungen (das sind bestimmte chemische Stoffe) ablagern. Aus diesen Kaminen tritt hei-

Schwarze Raucher am Meeresgrund

ßes Wasser aus, das im Erdinneren durch geschmolzenes Gestein (Magma) auf bis zu 350 Grad Celsius erhitzt wurde. Es kühlt aber beim Austritt ab. Das Wasser ist mit Mineralien aus dem Erdinneren vermischt und deshalb dunkel verfärbt. Es ist stark schwefelhaltig und dient Bakterien als Nahrung, die wiederum Nahrungsquelle für viele Lebewesen (zum Beispiel riesige Röhrenwürmer) der Tiefsee sind.

Was ist eine Insel?

Als Insel bezeichnet man abgesehen von den Kontinenten jede Landmasse — ob groß oder klein —, die ringsum von Wasser umgeben ist. Viele dieser Inseln werden von Meeren umspült, aber auch in Seen und Flüssen gibt es Inseln.

Inseln sind immer von Wasser umgeben.

Gibt es „Straßen" im Meer?

Zwei Meere oder Meeresteile sind oft über schmale Wasserstraßen miteinander verbunden, die man Meerengen nennt. Sie können entstehen, wenn Flusstäler vom Meer überflutet werden (zum Beispiel der Bosporus zwischen Marmarameer und Schwarzem Meer sowie die Dardanellen zwischen Ägäischem und Marmarameer) oder eine Landschaft unter den Meeresspiegel sinkt (zum Beispiel die Belte der Ostsee). Die Straße von Gibraltar

Meereslandschaften

Die größten Inseln der Welt
Ein Überblick

Nordatlantik	Grönland	2.166.086 Quadratkilometer
Südwestpazifik	Neuguinea	786.000 Quadratkilometer
Westpazifik	Borneo	743.122 Quadratkilometer
Indischer Ozean	Madagaskar	587.042 Quadratkilometer
Nordatlantik	Baffin-Insel	507.450 Quadratkilometer

zwischen Spanien und Marokko entstand durch einen Riss in der Erdkruste (Grabenbruch), als sich die Afrikanische Platte unter die Eurasische Platte schob.

Wie entstehen Inseln?

Inseln können auf mehrere Arten entstehen: Manche Inseln in Küstennähe gehörten früher einmal zum Festland, wurden aber dann durch den Anstieg des Meeresspiegels abgetrennt. Die Britischen Inseln zum Beispiel waren während der letzten Eiszeit noch mit dem Festland verbunden. Vor etwa 15.000 Jahren begann das Eis zu schmelzen und überflutete flachere Abschnitte. Deshalb ist Großbritannien heute eine Insel. Viele Inseln der Nordseeküste gehörten nie zum Festland. Sie entstanden aus dem Sand, der von der Meeresbrandung und den Strömungen abgelagert wurde. Andere Inseln wiederum sind Vulkaninseln, zum Beispiel Island und Hawaii. Wenn Vulkane vom Ozeanboden bis über die Wasseroberfläche hinausragen, entsteht dort eine Insel. Viele große Inseln, die weit von den Küsten entfernt liegen, entstanden auf dieselbe Weise wie das Festland. Sie wurden entweder mit anderen Gebirgen zusammen gebildet oder haben sich vor langer Zeit von den Landmassen gelöst.

Madagaskar zum Beispiel wurde vor etwa 165 Millionen Jahren von Afrika und dann vor 90 Millionen Jahren von Indien abgetrennt.

Was ist ein Atoll?

Ein Atoll beginnt als ganz normales Korallenriff, das sich um eine vulkanische Insel herum bildet. Die Insel verschwindet im Laufe der Zeit, weil sie vom Meer abgetragen wird oder der Meeresspiegel steigt. Das Korallenriff wächst jedoch immer weiter in die Höhe. Wenn die Insel ganz verschwunden ist, bleibt das ringförmige Riff übrig. Das ist das Atoll, das jetzt ein flaches Gewässer einschließt, das vom Meer abgetrennt ist. Einen solchen Bereich nennt man Lagune. Lagunen können übrigens auch durch Ablagerung von Sand aus Flüssen entstehen (zum Beispiel die Lagune von Venedig).

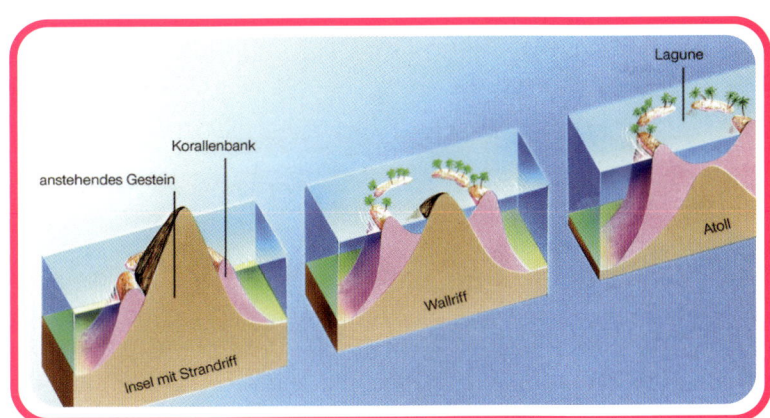

Entstehung eines Atolls

Was sind Hotspots?

Unterhalb der Erdoberfläche gibt es Stellen, die sehr heiß sind. Hier steigt geschmolzenes Gestein (Magma) nach oben und durchstößt schließlich die Erdoberfläche. Solche Stellen bezeichnet man als „Hotspots" (deutsch: „Heiße Flecken"). Über diesen heißen Flecken können sich Vulkane bilden. Während der Vulkan hoch wächst, bewegt sich die Platte der Erdkruste weiter und die Vulkaninsel wird langsam von der heißen Stelle weggetragen. Dieser Vorgang dauert aber Millionen von Jahren. Irgendwann ist der Vulkan nicht mehr mit dem Hotspot verbunden. Es steigt kein Magma mehr auf und der Vulkan erlischt. Doch über der heißen Stelle bildet sich ein neuer Vulkan. Durch die ständige Plattenbewegung bilden die Hotspots so meist eine geradlinige Kette von Vulkanen. Auf diese Weise entstand zum Beispiel die Inselkette Hawaii im Pazifischen Ozean. Hotspots gibt es hauptsächlich in den Ozeanen, aber auch auf dem Festland: Die berühmtesten sind die heißen Quellen im Yellowstone-Nationalpark, USA. Man nennt sie Geysire.

Was ist ein Inselbogen?

Ein Inselbogen ist eine bogenförmige Anordnung von Inseln. Er entsteht an den Stellen, wo sich Platten der Erdkruste aufeinander zubewegen, und die einzelnen Inseln werden aus aufsteigendem Magma (geschmolzenem Gestein der Erdkruste) gebildet. Sie liegen entlang der Tiefseegräben. Typische Inselbögen sind beispielsweise die Aleuten und die Japanischen Inseln. Geradlinige vulkanische Inselketten hingegen entstehen meist über Hotspots.

Was ist Kissenlava?

Je nach Beschaffenheit unterscheidet man verschiedene Lavaformen. Tritt das geschmolzene Gestein (Magma) bei einem Vulkanausbruch an die Erdoberfläche, so bezeichnet man es als Lava. Die Kissenlava ist am weitesten verbreitet. Sie tritt unter Wasser, besonders am Mittelozeanischen Rücken, aus und erkaltet dort in Kissen- oder Wulstform. Kissenlava

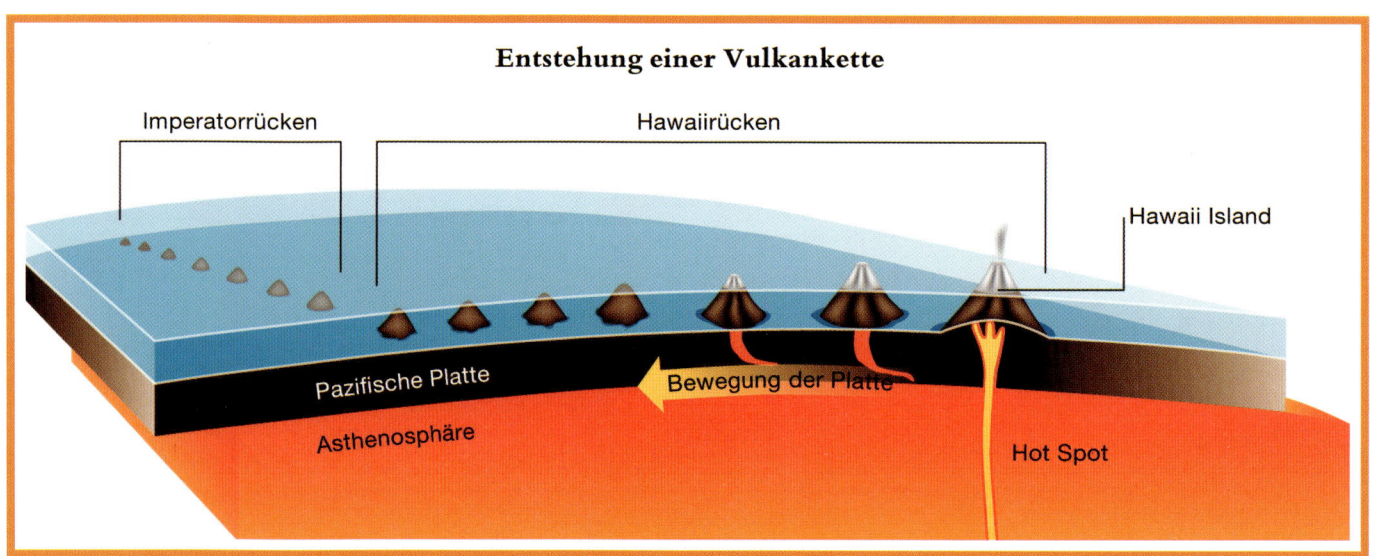

Bildung einer Vulkankette

Meereslandschaften

findet man auch auf dem Festland, wenn das Gebiet früher unter Wasser lag. Andere Lavaformen findet man nur an Land: Blocklava besteht aus scharfkantigen Blöcken, die aus dickflüssiger Lava entstehen und bis zu 100 Meter hoch sein können. Es gibt auch Fladenlava, die anfangs ziemlich dünnflüssig ist. Die Oberfläche kühlt schnell ab und bildet eine bewegliche Haut. Darunter fließt weiterhin heiße Lava, die diese Haut so verdreht, dass nach dem Erkalten dicke „Fladen" übrig bleiben.

Die Kissenlava erkaltet in Kissenform.

Was ist der „Feuerring"?

Als Feuerring („Ring of Fire") bezeichnen die Wissenschaftler eine Vulkankette am Rand des Pazifischen Ozeans. Der Pazifische Feuerring besteht aus einer Reihe von Inselbögen und erstreckt sich über die Anden, die Kordilleren, die Aleuten, die russische Halbinsel Kamtschatka, die Kurilen, Japan, die Philippinen, Neuguinea, die Salomonen und Neuseeland im Südpazifik. Entlang dieses Rings befinden sich rund zwei Drittel aller aktiven Vulkane, denn hier stößt die Pazifische Platte (eine Ozeanplatte) im Westen und Osten jeweils an eine Platte, die einen Kontinent trägt (Kontinentalplatte). Neben zahlreichen Vulkanausbrüchen kommt es in diesem Gebiet, zum Beispiel in Japan oder an der Westküste der USA (beispielsweise in San Francisco), häufig zu Erdbeben.

Wie erklären Wissenschaftler den Aufbau der äußeren Erdschale?

Die Wissenschaft vom Aufbau und von der Zusammensetzung der Erde nennt man Geologie. Die sogenannte Plattentektonik ist eine Lehre, die den Aufbau, die Entwicklung und die Bewegung der äußeren Schale der Erde (der Erdkruste) untersucht. Nach dieser Theorie besteht die Erdkruste aus sieben großen und einigen kleinen Gesteinsplatten. Diese Platten bewegen sich ständig, aber sehr langsam: durchschnittlich zwischen zwei und sechs Zentimeter im Jahr. Sie stoßen oft zusammen, treiben wieder auseinander oder gleiten aneinander vorbei. Die Kontinente und Ozeane sind in diese Platten eingebettet und bewegen sich mit ihnen.

Alfred Wegener (1880–1930)

Der deutsche Polarforscher und Meteorologe stellte die Theorie auf, dass die Kontinente einst einen einzigen Riesenkontinent (Pangäa) gebildet hätten. Dieser zerbrach in die heutigen Kontinente, die sich auf der Erdoberfläche verschieben. Seine Arbeit zur sogenannten Kontinentalverschiebung gilt als die wichtigste Grundlage für die moderne Theorie der Plattentektonik.

Wie erforschen Geologen die Bestandteile des Meeresbodens?

Geologen sind Wissenschaftler, die den Aufbau und die Zusammensetzung der Erde untersuchen. Sie beschäftigen sich hauptsächlich mit Gesteinen und untersuchen daher auch den Meeresboden. Dazu verwenden sie ein besonderes Gerät, mit dem man Proben aus dem Meeresgrund holt und sie anschließend untersucht. Das Gerät heißt Sedimentrohr oder Kolbenlot und befindet sich auf einem Forschungsschiff. Es besteht aus einem langen Stahlrohr und großen Gewichten, die das Rohr tief in den Meeresboden stoßen. Die verschiedenen Schichten des Meeresbodens stapeln sich im Rohr in derselben Aufeinanderfolge wie im Meeresgrund. Mithilfe solcher Bohrkerne können die Geologen feststellen, wann und in welchem Zeitraum die Ablagerungen entstanden sind.

Eine Meeresgeologin zeigt einen Bohrkern aus den Tiefen des Meeres.

Woraus besteht der Meeresboden?

Die Stoffe, die sich auf dem felsigen Meeresboden abgelagert haben, nennt man Sedimente. Wenn es viel regnet und die wasserreichen Flüsse an-schwellen, werden Tausende Tonnen von Schlamm und Sand und sogar Steine ins Meer geschwemmt. Während sich schwere Teile wie Geröll schon in den Flussmündungen ablagern, wird der feine, leichte Sand durch die Strömung weit ins Meer hinausgespült. Er setzt sich auf dem Grund des Schelfs (der Flachsee von null bis 200 Meter Wassertiefe) ab. Die feinsten und leichtesten Teilchen aber sinken erst in der Tiefsee, also am Fuß des Kontinentalabhangs (des auf 3000 Meter abfallenden Hangs am Rand des Schelfs), zu Boden. Im tiefen Ozeanbecken besteht die Sedimentschicht allerdings hauptsächlich aus den Überresten winziger abgestorbener Lebewesen, deren Schalen und Skelette den Meeresgrund in großer Tiefe bedecken.

Wie entsteht neuer Meeresboden?

Wenn sich am Mittelozeanischen Rücken zwei Platten der Erdkruste auseinanderbewegen, entsteht ein Graben. In diesem Graben steigt aus dem Erdinneren ständig geschmolzenes Gestein (Magma) auf und füllt den Spalt zwischen den Platten aus. Das Magma kühlt ab und wird damit zu neuem Meeresboden. Auf diese Weise dehnt sich der Ozeanboden ständig aus. Diesen Vorgang nennt man Meeresbodenspreizung (englisch: sea-floor-spreading). So wird der Atlantische Ozean jedes Jahr etwa um einen Zentimeter breiter.

Welche Bereiche nennt man Küsten?

Über zwei Drittel unseres Planeten sind von Wasser bedeckt. Jede größere und kleinere Landmasse, ob riesiger Kontinent oder winzige Insel im

Meereslandschaften

Pazifik, ist von Wasser umgeben und somit von Küsten gesäumt. Das sind die schmalen Grenzbereiche, in denen Land und Meer aufeinandertreffen. Der Küstensaum kann einige Meter bis einige Kilometer breit sein. Die Besonderheit dieser schmalen Küstenstreifen ist, dass sie gleichzeitig zum Meer und zum Land gehören.

Wie werden Felsenküsten geformt?

Seit Jahrmillionen branden die Wellen ständig an die Küsten der Meere und so entstehen immer neue Formen. Treffen die Wellen auf steile Felswände, kann die Brandung eine Felsenküste im Laufe der Zeit abtragen und die Küstenlinie immer weiter landeinwärts verschieben. Wenn die Wellen jedoch auf eine flache Küste treffen, entsteht ein neuer Strand. Jede Welle bringt nämlich Sand mit sich, aus dem sich ein Sandstrand aufbaut. Neben

Felsenküsten werden vom Meer geformt.

der Brandung wirken auch Anstieg und Senken des Meeresspiegels, starke Winde sowie Ebbe und Flut bei der Formung der Küsten mit.

Schärenküste bei Schweden

Was ist eine Schärenküste?

Schären sind kleine Inseln, die während der letzten Eiszeit (vor 118.000 bis vor 15.000 Jahren) entstanden sind. Sie wurden damals von Gletschern (riesige Massen aus Eis und Schnee) flach abgeschliffen und abgerundet. Als Schärenküsten bezeichnet man Küsten, vor denen sich viele solcher Inseln befinden. Landschaften mit Tausenden von Schären gibt es zum Beispiel an den Küsten Schwedens, Norwegens und Finnlands.

Wie entsteht ein Kliff?

Ein Kliff ist eine Küstenform. Sie entsteht, wenn die Meeresbrandung auf eine steile Felsenküste einwirkt. Wenn die Wellen Höhlen und Spalten in die felsige Küste spülen, wird das überhängende Gestein irgendwann zu schwer und bricht ein. Die herabgefallenen Felsblöcke bleiben auf dem Strand vor der Steilküste liegen und werden vom Meerwasser nach und nach abgetragen.

Was ist eine Riaküste?

Rias sind schlauchförmige Meeresbuchten, die tief ins Land hineinreichen. Diesen Küstentyp nennt man Riaküste. Im Gegensatz zu Fjorden wurden die Rias nicht von Gletschern gebildet, sondern entstanden, als Flusstäler überflutet und mit Meerwasser bedeckt wurden. Die meisten Rias in Europa gibt es an der spanischen Atlantikküste, in der Bretagne (Frankreich) und in Irland.

Wie entstanden die Fjorde?

Als Fjorde bezeichnet man schmale Meeresbuchten oder -arme mit steilen Küsten, die tief in das Land (meist in Gebirge) hineinreichen. Während der letzten Eiszeit (vor 118.000 bis vor 15.000 Jahren) war Nordeuropa von gewaltigen Gletschern bedeckt. In dieser Zeit gruben die Gletscher tiefe Täler in die Gebirge. Als die Eiszeit zu Ende ging, wurde es wärmer und die Eismassen schmolzen ab. Dadurch stieg der Meeresspiegel und die unteren Bereiche der Täler wurden geflutet. So entstanden die Fjorde, die man hauptsächlich im Küstengebiet Norwegens oder Islands findet.

Fjorde reichen tief ins Land hinein.

Wie entstehen Sand- und Kiesstrände?

Sand- und Kiesstrände bilden sanft abfallende Küsten. Kies besteht aus Steinen, die von einer Felsenküste abgebrochen und von den Wellen im Laufe der Zeit rund geschliffen wurden. Der Großteil der Sandkörner setzt sich aus den Resten von zerriebenen Kieselsteinen zusammen. An flachen Stellen rollen die an Land laufenden Wellen Sandkörner und Kieselsteine hin und her. Bei jeder Wellenbewegung werden diese nach Größen geordnet und bleiben an geschützten Stellen schließlich liegen. Hier häufen sich mit der Zeit Unmengen von Sandkörnern und Kieselsteinen an und bilden so die Strände. Zwischen Küstenvorsprüngen entstehen Buchten mit feinem Sand.

Sandstrand

Was sind Stranddünen?

Entlang der flachen und wenig geschützten Küsten wird der lockere Sand ständig vom Wind bewegt. Wenn er auf ein Hindernis trifft, wird er zu einem länglichen Hügel angehäuft, den man Düne nennt. Dünen haben eine charakteristische Form: Auf der Seite, die dem Wind ausgesetzt ist, bilden sie einen sanften Abhang. Auf der Seite, die dem Wind abgewandt ist, haben sie einen Steilhang. Manchmal

Meereslandschaften

verbinden sich Dünen zu ganzen Dünenketten. Dünen entstehen nicht nur an Küsten, sondern auch in den Sandwüsten Nordafrikas und der Arabischen Halbinsel.

Können Stände wandern?

Wenn Wellen auf flache Küsten treffen, bringen sie immer Sand mit, der dort abgelagert wird, und sie nehmen viel davon wieder mit, wenn sie ins Meer zurückfließen. Die Bewegung des Sandes kann man bei jeder Welle deutlich spüren, wenn man mit nackten Füßen auf einem Sandstrand steht. Durch Meeresströmungen und Winde, die etwas schräg zum Strand wehen, wird der lockere Sand die Küste entlang transportiert. Diesen Vorgang nennt man Strandversetzung. Dabei können nach sehr langer Zeit Landzungen (Nehrungen) entstehen.

Was ist eine Nehrung?

Eine Nehrung ist ein schmaler, flacher Landstreifen, der durch Meeresströmung und Wind aus Sand aufgebaut wurde (Strandversetzung). Dieser Landstreifen trennt eine flache Bucht vom offenen Meer ab.

Wie entsteht ein Haff?

Wenn eine flache Meeresbucht durch eine Landzunge (Nehrung) fast ganz vom Meer abgeschlossen ist, spricht man von einem Haff. Meist mündet hier ein größerer Fluss. Deshalb ist das Wasser im Haff nicht so salzhaltig wie im offenen Meer. Haffküsten sind charakteristische Küstenformen an der Ostsee (zum Beispiel Frisches Haff).

Was ist eine Lagune?

Eine Lagune ist ein flaches Gewässer, das durch eine schmale Landzunge (Nehrung) vom Meer abgetrennt ist. In der Ostsee nennt man eine Lagune dieser Art übrigens Haff. Aber aufgepasst: Die von Korallenriffen umgebene flache innere Wasserfläche eines Atolls bezeichnet man ebenfalls als Lagune.

Eine Lagune ist auch die von Korallenriffen umgebene flache innere Wasserfläche eines Atolls.

Wie entsteht am Meer neues Land?

Wenn Ströme und Flüsse ins Meer oder in einen See münden, werden in diesem Mündungsgebiet Schlamm und Sand (Sedimente) abgelagert. Es entsteht die charakteristische dreieckige Mündungsform, die an den griechischen Buchstaben Delta erinnert. Daher nennt man das Mündungsgebiet eines solchen Flusses Delta. Die dreieckige und breite Form entsteht, weil die vielen abgelagerten Sedimente die Mündung blockieren. Der Fluss muss daher seitlich immer neue Arme bilden, um ins Meer fließen zu können. Das Delta breitet sich fächerförmig immer weiter aus und wächst in das Meer hinein. Das Delta des Mississippi (USA) beispielsweise mündet in den Golf von Mexiko und schiebt sich jedes Jahr um 40 bis 1000 Meter vor.

Wie entstehen sumpfige Küsten?

Langsam fließende Flüsse in Buchten und Mündungsgebieten lagern Schlamm, Sand und Steine ab. So entsteht Land, das allmählich ins Meer übergeht. In ruhigen Gewässern im Küstenbereich bilden sich sogar kleine Inseln. Diese Gebiete werden von Pflanzen besiedelt. Der Schlamm bleibt jetzt zwischen den Pflanzenstängeln liegen. Nach vielen Jahrhunderten entstehen so salzige Sümpfe. In tropischen Regionen werden auf ähnliche Weise Sümpfe mit Mangrovenbäumen gebildet. Hier stehen die Bäume bei Flut im Salzwasser. Geht bei Ebbe das Wasser wieder zurück, bleibt ein riesiger Sumpf.

Was sind Mangroven?

Mangroven sind riesige Bestände immergrüner, baumartiger Sumpfpflanzen, die in flachen und schlammreichen tropischen Küsten und Flussmündungen zu finden sind. Es handelt sich um verschiedene Pflanzenarten, die oft auf weiten Strecken undurchdringliche Wälder bilden. Manche haben bogenförmige Stelzwurzeln, mit denen sie fest im feuchten, salzhaltigen Schlamm der Küsten verankert sind, andere Arten spitze nach oben gerichtete Wurzeln. Sie alle sind Atemwurzeln, die die Pflanzen zusätzlich mit Sauerstoff versorgen.

Was ist eine Marsch?

Als Marsch bezeichnet man Schwemmland im Bereich der Küste (zum Beispiel an der Nordsee) oder in breiten Flusstälern. Die Marschen entstanden dadurch, dass sich Sand und Schlick ablagerten. An der Küste spricht man von Seemarschen, an den Flussmündungen von Flussmarschen. Der Marschboden ist anfangs noch salzhaltig, aber auch sehr fruchtbar. Daher wird er vor allem für den Ackerbau genutzt. Das Marschland liegt teilweise unter dem Meeresspiegel und wird durch Deiche vor Hochwasser geschützt.

Was sind Salzwiesen?

Als Salzwiesen bezeichnet man großflächige Bestände von verschiedenen Salzpflanzen, die auf salzhaltigem Boden wachsen. Sie treten meist an flachen Meeresküsten auf, bei denen kleinere Wasserflächen langsam durch verschiedene Ablagerungen „zuwachsen" (sogenannte Verlandungsgebiete). Salzwiesen entstehen, weil jede Flut mikroskopisch kleine Schlammteilchen ins Watt schwemmt, die sich im Laufe der Zeit als Schlick ablagern. Wenn die Schlickschicht hoch genug ist, siedeln sich Pflanzen an — allen voran der Queller! So entsteht Schritt für Schritt eine Salzwiese.

Eine Salzwiese

Meereslandschaften

Was ist das Wattenmeer?

Als Wattenmeer bezeichnet man das Flachwassergebiet im Küstenbereich, der von den Gezeiten beeinflusst wird. Es liegt bei Niedrigwasser im

Das Wattenmeer

Trockenen und ist nur noch von Prielen (wasserführenden Gräben) durchzogen. Wattenmeere kommen in allen Teilen der Welt vor. Vor allem in den sogenannten gemäßigten Zonen, das sind die Klimazonen zwischen den warmen, tropischen Gebieten und den Polarkreisen. Ganz bekannt ist das Wattenmeer im Bereich der Nordseeküste Deutschlands und der Niederlande. Diese Landschaft ist etwa 450 Kilometer lang und bis zu 20 Kilometer breit. Vielleicht hast du dort schon einmal Urlaub gemacht und eine Wattwanderung unternommen.

Was ist ein Priel?

Als Priel bezeichnet man eine flussähnliche, verästelte Wasserrinne im Watt und in der Marsch, die auch bei Niedrigwasser (Ebbe) vollständig mit Wasser gefüllt ist. Priele sind nämlich die Hauptwege für das ein- und ablaufende Meerwasser.

Deshalb erreicht das Wasser in Prielen manchmal sehr hohe Fließgeschwindigkeiten. Manche Priele sind so tief, dass man sie sogar mit kleinen Booten befahren kann. Priele können bei Wattwanderungen gefährlich werden, weil man die Wassertiefe und Fließgeschwindigkeit des Meerwassers nur schwer einschätzen kann.

Welchen Teil des Meeres nennt man Watt?

Ein Watt ist ein flacher Küstenstreifen, der bei Niedrigwasser nicht mehr von Wasser bedeckt wird und daher für kurze Zeit trocknen kann. Dieser Bereich wird durch die Gezeiten zweimal täglich überflutet und liegt auch zweimal im Trockenen. Je nachdem, welche Materialien abgelagert wurden, unterscheidet man verschiedene Wattarten: Das „Sandwatt" besteht zum Großteil aus Sand, das „Schlickwatt" aus Schlick (ein besonders weicher, feiner Schlamm) und das „Mischwatt" aus Sand und Schlick.

Ein Priel

Meere der Welt

Die Erde wird von einer riesigen Wasserfläche umspannt und alle Meere sind Teile davon. Die Weltmeere sind der Pazifische, der Atlantische und der Indische Ozean. Alle anderen Meere sind Nebenmeere dieser Ozeane oder Binnenmeere, die keine oder nur eine kleine Verbindung zu ihnen haben.

Der Pazifische Ozean

Der Pazifische Ozean, auch kurz Pazifik genannt, ist der größte der drei Ozeane. Seine Fläche beträgt 166,2 Millionen Quadratkilometer

Der Pazifik wird auch Stiller Ozean genannt.

ohne seine Nebenmeere. Zählt man diese hinzu, sind es sogar 181,6 Millionen Quadratkilometer. Das sind etwa 35 Prozent der gesamten Erdoberfläche. Der Pazifik liegt zwischen Amerika, Asien, Australien und dem antarktischen Kontinent. Er ist mit durchschnittlich 4200 Metern auch der tiefste Ozean. Der tiefste Punkt der Erde mit 11.034 Metern liegt ebenfalls im Pazifik — im Marianengraben. Der Name Pazifik bedeutet „friedlich" oder „still", weswegen er auch „Stiller Ozean" genannt wird. Der Name wurde ihm von Ferdinand Magellan, dem ersten Weltumsegler, gegeben, da er ihn für ruhig und windstill hielt — ein gewaltiger Irrtum, denn mit seinen Vulkanen, Stürmen und Tsunamis ist der Pazifik alles andere als friedlich. Die Nebenmeere des Pazifischen Ozeans sind: das Beringmeer, das Japanische Meer, das Ostchinesische Meer, das Südchinesische Meer, die Philippinensee, das Ochotskische Meer, der Golf von Alaska, der Golf von Kalifornien, die Tasmansee, das Korallenmeer und das Rossmeer.

Der Atlantische Ozean

Der Atlantische Ozean, auch kurz Atlantik genannt, ist der zweitgrößte Ozean der Erde. Seine Fläche beträgt ohne Nebenmeere 84,1 Millionen Quadratkilometer. Zusammen mit den Nebenmeeren ist der Atlantik 106,6 Millionen Quadratkilometer groß. Mit durchschnittlich 3300 Metern ist er zwar nicht so tief wie der Pazifik, aber trotzdem ganz schön tief. Am tiefsten ist er mit 9219 Metern im Milwaukee-Tief im Puerto-Rico-Graben. Der Atlantik liegt zwischen Europa, Afrika und Amerika. Er entstand,

Die Ostsee ist ein Binnenmeer des Atlantiks.

als vor 150 Millionen Jahren der südliche Großkontinent Gondwana auseinanderbrach. Zwischen dem heutigen Europa und Afrika bildete sich ein riesiges Becken — der Atlantische Ozean. Der Atlantik hat seinen Namen von Atlas, einem Titanen (also einem Nachkommen der Mutter Erde) aus der griechischen Mythologie. Die Nebenmeere des Atlantiks sind das Arktische Mittelmeer (mit Baffin Bay und Hudson Bay), das Europäische Mittelmeer, das Amerikanische Mittelmeer, die Nordsee, die Ostsee (Binnenmeer) und das Schwarze Meer (Binnenmeer).

Der Indische Ozean

Der Indische Ozean, auch kurz Indik genannt, ist das kleinste der drei Weltmeere. Er hat eine Gesamtfläche von 74,1 Millionen Quadratkilometern und eine durchschnittliche Tiefe von 3900 Metern, an der tiefsten Stelle ist er 8047 Meter (Diamantina-Tief) tief. Der Indische Ozean liegt zwischen Afrika, Asien, Australien und Antarktika. Geologisch gesehen ist er das jüngste der drei Weltmeere und entstand vor etwa 30 Millionen Jahren. Die Nebenmeere des Indischen Ozeans sind das Rote Meer, der Golf von Aden, das Arabische Meer, der Persische Golf, der Golf von Oman, der Golf von Bengalen, die Andamanensee, die Straße von Mosambik und die Große Australische Bucht.

Die Inseln der Ozeane

Im **Pazifischen Ozean** gibt es mehr als 30.000 Inseln, die aber so klein sind, dass sie alle zusammen nur etwa 0,25 Prozent seiner Gesamtfläche ausmachen. Die Inseln Melanesien, Mikronesien und Polynesien im Südpazifik bezeichnet man als Ozeanien. Im **Atlantischen Ozean** findet man einige der größten Inseln der Erde: Grönland, Island, Großbritannien, Irland und Neufundland, wobei Grönland die größte Insel der Welt ist. Im Atlantik gibt es auch zahlreiche Inselgruppen: die Kanarischen Inseln, die Azoren, die Bahamas, die Bermudas, die Großen und Kleinen Antillen und die Kapverden. Auch der **Indische Ozean** ist reich an Inseln. Einige von ihnen sind eigenständige Staaten (Indonesien, Sri Lanka, Madagaskar). Eigenständige Inselgruppen sind die Komoren, die Seychellen und die Malediven.

In den Ozeanen befinden sich Tausende von Inseln.

Warum nennt man die Erde den Blauen Planeten?

Du hast sicher schon Bilder gesehen, auf denen unser Planet vom Weltraum aus wie eine blaue Kugel aussieht. Der Grund dafür ist, dass die Meere und Ozeane mehr als 70 Prozent der Erdoberfläche bedecken. Da uns das Meerwasser meist blau erscheint, bezeichnen wir die Erde als den Blauen Planeten.

Die Ozeane bedecken über zwei Drittel der Erde.

Wie kommen die Farben des Meeres zustande?

Sicher weißt du, dass Wasser farblos ist. Trotzdem erscheinen uns die meisten Meere blau, andere wiederum grün, gelblich oder auch grau. Zu einem geringen Teil hängt die Farbe davon ab, wie sich der Himmel auf der Meeresoberfläche spiegelt: Ist der Himmel blau, sieht das Meer für uns auch blau aus. Die Hauptursache ist jedoch eine andere: Für die Farbe des Meeres ist das Sonnenlicht verantwortlich. Das Meerwasser „verschluckt" eindringendes Sonnenlicht. Das Sonnenlicht setzt sich aus den Farben des Regenbogens zusammen. Jede dieser Farben hat eine andere Wellenlänge. Des-

halb dringt Licht verschiedener Wellenlängen unterschiedlich tief in das Wasser ein (am geringsten der rote und am tiefsten der blaue Farbanteil des Sonnenlichts) und wird dementsprechend auch unterschiedlich reflektiert (zurückgeworfen). So entstehen die unterschiedlichen Farben des Meeres für unser Auge.

Wann erscheint das Meer blau?

Je klarer das Meerwasser ist, desto tiefer kann das Sonnenlicht eindringen. Die Wissenschaftler haben herausgefunden, dass ein Teil dieses Lichts von winzigen Schwebeteilchen (meist von mikroskopisch kleinen Tieren, Algen und deren Überresten) an der Wasseroberfläche reflektiert, also zurückgeworfen wird. Gibt es in den oberen Wasserschichten nur wenige solcher Schwebeteilchen, weil diese in die Tiefe abgesunken sind, wird nur noch das blaue Licht in größerer Meerestiefe reflektiert. Das Ergebnis ist, dass das Meer blau erscheint! Das passiert besonders in warmen tropischen Meeren, die deshalb immer leuchtend blau erscheinen.

Oft sieht das Meer blau aus.

Meerwasser

Wann hat das Meer eine andere Farbe als Blau?

In Meeren, deren Temperatur schwankt oder in denen sich Strömungen befinden, wird das Wasser ständig umgewälzt und es gelangen wieder Nährstoffe in die oberen Wasserschichten. Aufgrund dessen wächst das Plankton (winzige pflanzliche und tierische Teilchen) hier sehr üppig. Das Wasser ist deshalb natürlich viel trüber, als es in tropischen Meeren der Fall ist. Dadurch können jedoch die blauen Farbanteile des Sonnenlichts nicht tief genug in das Wasser eintauchen und werden daher auch nicht reflektiert. Dafür werden die anderen Farbanteile, die bereits in den oberen Wasserschichten reflektiert werden, zurückgeworfen. Das Meerwasser erscheint dann grün, gelblich oder bräunlich.

Welche chemischen Elemente kommen im Meerwasser vor?

Das Meerwasser besteht zu 96,5 Prozent aus reinem Wasser (das heißt der chemischen Verbindung der Elemente Sauerstoff und Wasserstoff). Salz (die Elemente Natrium und Chlor) macht circa 2,9 Prozent aus. Die restlichen 0,6 Prozent bestehen aus verschiedenen anderen chemischen Stoffen.

Warum ist das Meerwasser salzig?

Wer schon einmal im Meer gebadet hat, weiß, dass das Meerwasser salzig schmeckt. Das kommt daher, dass Salze darin gelöst sind. Als die Erde vor Milliarden von Jahren entstand, regnete es Jahrtausende lang ununterbrochen. Der Regen löste gewaltige Mengen Salz aus dem Gestein der Erdkruste, die von Strömen und Sturzbächen ins Meer gespült wurden. Damals wie heute jedoch verdunstet das Meerwasser zu einem gewissen Teil. Man hat errechnet, dass jedes Jahr eine mehr als ein Meter dicke Wasserschicht zu Wolken wird. Das Salz verdunstet allerdings nicht und bleibt daher im Meer zurück. So speicherten die Ozeane im Laufe der Zeit 48 Billiarden (das ist eine 48 mit zwölf Nullen!) Tonnen Salz.

Im Meerwasser ist Salz gelöst.

Wie viel Wasser gibt es auf der Erde?

Fast drei Viertel der Erdoberfläche sind von Wasser bedeckt. Dabei machen die Ozeane nahezu 97 Prozent des Wassers aus. Der Rest ist in Eis und Schnee, in Flüssen und Seen, aber auch in der Erde als Grundwasser gespeichert. Die Gesamtheit aller Meere und Ozeane nimmt eine unvorstellbar riesige Fläche ein: etwa 360 Millionen Quadratkilometer! Das ist mehr als doppelt so viel wie die komplette Landfläche der Erde.

Haben alle Meere den gleichen Salzgehalt?

Die Ozeane haben alle etwa den gleichen Salzgehalt: Ein Liter Ozeanwasser enthält 3,5 Prozent Salz — das sind 35 Gramm oder drei Esslöffel. Völlig unterschiedlich ist dagegen der Salzgehalt der Nebenmeere. Äußerst salzig ist das Wasser in Meeren sehr warmer Gebiete, die von Wüsten umgeben sind. Dort verdunsten nämlich ständig große Mengen Wasser, weil die Temperaturen sehr hoch sind. In kalten Nebenmeeren verdunstet dagegen weniger Wasser. Darüber hinaus führen Flüsse aus der Umgebung diesen Meeren noch reichlich Süßwasser zu. Deshalb ist der Salzgehalt viel niedriger. So zum Beispiel im Finnischen Meerbusen der Ostsee, wo das Wasser nur etwas mehr als 0,2 Prozent Salz enthält. Daher schmeckt das Wasser hier kaum salzig!

Was ist das Besondere am Toten Meer?

Das Tote Meer ist eigentlich kein Meer, sondern ein großer Salzsee, der zwischen den Ländern Israel und Jordanien liegt. Das Tote Meer hat allerhand Besonderheiten: Sein Salzgehalt ist mit mehr als 20 Prozent sehr hoch. Es ist so salzig, dass hier so gut wie keine Tiere und Pflanzen leben können — daher sein Name „Totes Meer". Der hohe Salzgehalt kommt daher, dass der See mitten in der

Wüste liegt und demzufolge hier besonders viel Wasser verdunstet. Außerdem hat der Salzsee keinen Abfluss. So bleibt das gesamte Salz im Toten Meer. Durch den hohen Salzgehalt hat das Wasser auch eine höhere Dichte (Verhältnis von Masse zu Volumen). Das bedeutet, dass man beim Baden im Toten Meer nicht untergeht und immer an der Wasseroberfläche bleibt — auch wenn man nicht schwimmen kann! Eine weitere Besonderheit ist, dass das Tote Meer das tiefstgelegene Gewässer der Erde ist. Es liegt etwa 400 Meter unter dem Meeresspiegel.

Das Tote Meer hat einen Salzgehalt von über 20 Prozent.

Wo ist das Meer am wärmsten?

Am wärmsten ist das Wasser an der Oberfläche des Meeres, weil diese Wasserschicht von der Sonne besonders gut erwärmt wird. In der Nähe des Äquators — das ist der gedachte Kreis, der gleich weit vom Nord- und vom Südpol entfernt ist und die Erde in eine obere und eine untere Halbkugel teilt — beträgt die Wassertemperatur an der Oberfläche beispielsweise während des ganzen Jahres etwa 25 Grad Celsius. Darunter liegt eine Zwischenschicht. In ihr fällt die Temperatur des Wassers stark ab, je tiefer man gelangt. Diese Wasserschicht bezeichnen Wissenschaftler als die Temperatursprungschicht. Darunter, in 300 bis 800 Meter Tiefe, liegt die Temperatur nur noch bei etwa vier Grad Celsius. Am Meeresgrund ist das Wasser ein bis zwei Grad kälter. Solche Temperaturstu-

Meerwasser

fen gibt es auch in kühleren Regionen der Erde, nur ist dort das Wasser an der Oberfläche natürlich nicht so warm.

Ab welcher Temperatur kann das Meerwasser gefrieren?

Gewöhnliches Wasser gefriert normalerweise bei einer Wassertemperatur von null Grad Celsius. Da Meerwasser Salz enthält, ist der Gefrierpunkt, also der Punkt, an dem das Wasser zu Eis gefriert, niedriger. Auf den Weltmeeren bildet sich bei einem durchschnittlichen Salzgehalt von 3,5 Prozent Eis erst bei einer Wassertemperatur von minus 1,9 Grad Celsius. In Nebenmeeren kann der Gefrierpunkt etwas höher sein, da diese Meere einen geringeren Salzgehalt als die Ozeane haben. Die Ostsee gefriert zum Beispiel schon bei etwa minus 0,5 Grad Celsius.

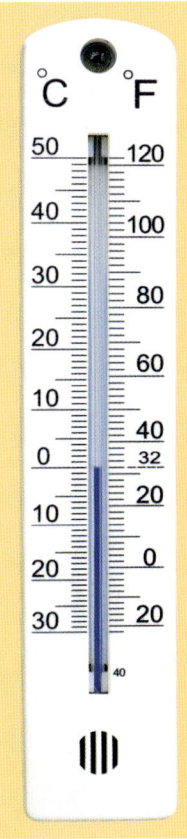

Meerwasser gefriert erst bei Minusgraden.

Wie entsteht Meereis?

Das Meereis entsteht in mehreren Schritten. Sobald der Gefrierpunkt des Wassers erreicht ist, bildet sich bei bewegter See zunächst das sogenannte Neueis. Das ist ein lockerer Eisbrei, der immer dicker wird und sich schnell zu kleinen fla-

chen Scheiben verdichtet. Wegen ihrer Form nennt man diese Eisscheiben Pfannkucheneis. Die „Eispfannkuchen" wachsen schließlich zu festen, im Meer treibenden Schollen zusammen. Diese bezeichnet man als Treibeis. Starke Winde oder Strömungen türmen solche Treibeisfelder zu Packeis auf. Sie wachsen nach oben hin durch Schnee, der

Eisschollen treiben im Meer.

sich auf ihnen ablegt, und nach unten durch weitere Eisbildung. An den Küsten des Nordpolarmeeres können sie bis zu 20 Meter hoch werden.

Wissenswertes zum Meereis

Wie du weißt, ist Meerwasser salzig. Das Eis, das sich in kalten Gebieten aus diesem Wasser bildet, enthält jedoch kein Salz. Wie kann das sein? Ganz einfach: Wenn Wasser gefriert, bilden sich kleine Kristalle. Dabei werden die Salzionen vom wachsenden Eiskristall abgestoßen und bleiben im ungefrorenen Wasser zurück.

Wie entstehen Eisberge?

Eisberge bestehen hauptsächlich aus Süßwasser, das vom Festland Grönlands und der Antarktika (Südpolarkontinent) stammt und zu Eismasse geworden ist.

Sie entstehen, indem große Stücke eines Gletschers oder des Schelfeises abbrechen. Diesen Vorgang nennen Wissenschaftler „Kalben". Die Eisberge gelangen mit den Meeresströmungen in viele Gebiete, unter anderem auch in wärmere, wo sie schließlich schmelzen.

Eisberge entstehen durch das sogenannte Kalben.

Was ist Schelfeis?

Schelfeis ist eine dicke Eisschicht beziehungsweise eine Eistafel, die auf einer Seite mit einem Festlandgletscher verbunden ist und mit der anderen Seite weit in das Meer hineinreicht. Kennzeichnend für das Schelfeis ist, dass die äußeren Ränder immer wieder abbrechen, wodurch Eisberge entstehen. Die größten Schelfeistafeln kommen in der Antarktis vor. Alle zusammen nehmen eine Fläche von 1,54 Millionen Quadratkilometern ein. Beispiele dafür sind das Ross-Schelfeis und das Filchner-Ronne-Schelfeis. Beide bedecken ein Gebiet, das größer als die Fläche Deutschlands ist. Schelfeis kann eine Dicke von über 1000 Metern erreichen. An den Rändern ist es jedoch meist nur etwa 200 Meter dick.

Welche Höhe können Eisberge haben?

Die Eisberge können bis zu 100 Meter hoch aus dem Wasser ragen. Der größte Teil (bis zu 90 Prozent) der Eisbergmasse befindet sich jedoch unter der Wasseroberfläche und ist nicht zu sehen. Deshalb stellen sie eine große Gefahr für Schiffe dar. Es gibt eine internationale Überwachung der Eisberge. Treiben zu viele in den Meeren, werden die Schifffahrtswege verlegt.

Ein Großteil der Eisberge steckt unter Wasser.

Wie nennt man die Eisberge der Arktis?

Die Eisberge des Nordpolargebiets (der Arktis) sind meist unregelmäßig geformt und haben ein bizarres Aussehen. Deshalb nennt man sie Gipfeleisberge. Die meisten dieser Eisberge entstehen an der Westküste Grönlands. Es sind Abbruchstücke gewaltiger Gletscherströme. In der Arktis bilden sich jedes Jahr über 5000 Eisberge.

Meerwasser

Die Titanic und der Eisberg

Wie gefährlich ein Eisberg sein kann, wurde durch eine der schlimmsten Katastrophen in der Schifffahrt deutlich. Die Titanic war das größte und eleganteste Kreuzfahrtschiff seiner Zeit. Man hielt sie für unsinkbar, weil sie mit modernster Sicherheitstechnik ausgestattet war. Doch schon auf ihrer Jungfernfahrt von Liverpool (Großbritannien) nach New York (USA) rammte sie am 14. April 1912 einen Eisberg und versank innerhalb von drei Stunden im eisigen Wasser. Bei diesem Unglück starben 1490 Menschen.

In welchen Meeren findet man Eisberge?

Am häufigsten trifft man Eisberge natürlich in den Polarmeeren an, da sie dort auch entstehen. Die Eisberge entfernen sich aber mit den Meeresströmungen von ihren Entstehungsorten. Die Eisberge des Nordpolargebiets (Arktis) stammen hauptsächlich von den Gletschern Grönlands und treiben im Nordatlantik nahe der Ostküste Nordamerikas nach Süden (etwa bis zum Breitengrad von New York). Die Eisberge des Südpolargebiets (Antarktis) treiben im Südatlantik nach Norden.

Wie groß ist die Meereisfläche, die die Erde bedeckt?

Die Größe der Flächen auf der Erde, die mit Meereis bedeckt sind, schwankt von Jahreszeit zu Jahreszeit. Auf der Nordhalbkugel sind zu Beginn des Herbsts etwa sechs Millionen Quadratkilometer mit Meereis bedeckt. Zum Frühlingsbeginn ist die größte Bedeckung mit Eis erreicht, es sind dann etwa 13 Millionen Quadratkilometer. Auf der Südhalbkugel schwankt die Größe der Meereisdecke je nach Jahreszeit zwischen zwei und 18 Millionen Quadratkilometern.

Was sind Tafeleisberge?

Eisberge des Südpolargebiets haben keine steile Spitze, sondern sind flach wie eine Tafel. Deshalb werden sie Tafeleisberge genannt. Sie wachsen aus der Dauereisdecke des Südpolarkontinents, die sich langsam aufs Meer hinausschiebt (Schelfeis), und brechen als riesige Eistafeln ab. Der bislang größte Tafeleisberg hatte einen seltsamen Namen: B-15. Er brach im Jahre 2000 vom Ross-Schelfeis ab und war 11.650 Quadratkilometer groß.

Tafeleisberge haben keine steile Spitze.

Was sind Ebbe und Flut?

An vielen Meeresküsten kann man beobachten, dass der Meeresspiegel in bestimmten Abständen gleichmäßig absinkt. Dann ist kein Wasser mehr zu sehen, sondern nur noch schlammiges Land. Diesen Vorgang nennt man Ebbe. Nach einigen Stunden aber steigt der Wasserspiegel wieder und das Land vor der Küste wird erneut überschwemmt. In diesem Fall spricht man von Flut. Der Meeresspiegel steigt und fällt zweimal täglich.

Bei Flut steigt der Wasserspiegel wieder an.

Was sind Gezeiten?

Ebbe und Flut wechseln sich regelmäßig ab: Auf die Ebbe folgt die Flut, die dann wieder von der nächsten Ebbe abgelöst wird. Den höchsten Stand, den das Meereswasser bei der Flut erreicht, bevor die Ebbe wieder einsetzt, nennt man Hochwasser. Der niedrigste Stand des Meereswassers, der bei der Ebbe auftritt, bevor die Flut wieder beginnt, heißt Niedrigwasser. Den Zyklus, also den regelmäßig wiederkehrenden Ablauf, von einem Hochwasser über die Ebbe, das Niedrigwasser und die Flut bis zum nächsten Hochwasser, nennt man Tide oder aber auch Gezeiten. Dieser Zyklus dauert ziemlich genau 12 Stunden und 25 Minuten. Das bedeutet, dass wir die Gezeiten zweimal täglich erleben können.

Wie kommen die Gezeiten zustande?

Die Gezeiten werden durch die Anziehungskräfte von Mond und Sonne sowie durch die Erddrehung ausgelöst. Die Anziehungskraft des Mondes hebt das Meerwasser auf der Seite, die dem Mond zugewandt ist, so stark an, dass ein Flutberg entsteht. Ein zweiter Flutberg bildet sich auf der entgegengesetzten Seite der Erde. Er kommt durch die Fliehkraft zustande. Die Fliehkraft entsteht bei der Drehbewegung der Erde. Diese Fliehkraft auf der Seite, die dem Mond abgewandt ist, ist sogar noch stärker als die Anziehungskraft des Mondes. Deshalb wird auch hier das Wasser von der Erde „weggezogen" und steigt. Zwischen den beiden Flutbergen fließt das Wasser weg: Dort ist dann Ebbe! Auch die Sonne übt eine Anziehungskraft auf die Erde aus und ist so für die Gezeiten mitverantwortlich. Ihre Flut erzeugende Kraft ist jedoch nicht einmal halb so groß wie die des Mondes, obwohl die Masse der Sonne 30 Millionen Mal größer ist. Der Grund dafür ist, dass die Sonne rund 390-mal weiter von der Erde entfernt ist als der Mond!

Die Anziehungskraft des Mondes verursacht die Gezeiten.

Meerwasser

Das erste Gezeiten- kraftwerk

Durch die Gezeiten, also durch das Auf- und Absteigen des Meeresspiegels bei Ebbe und Flut, entsteht viel Energie. Diese Energie kann man zur Erzeugung von Elektrizität nutzen. Das erste und zurzeit größte Gezeitenkraftwerk der Welt wurde an der Mündung des Flus- ses Rance bei Saint-Malo (Frankreich) gebaut und 1966 in Betrieb genommen. Dort ist der Unterschied zwischen Ebbe und Flut sehr groß (Tidenhub 8,5 Meter).

Das Gezeitenkraftwerk bei Saint-Malo

Wodurch können die Gezeiten noch beeinflusst werden?

Außer der Anziehungskraft des Mondes und der Sonne gibt es noch andere Umstände, die die Ge- zeiten beeinflussen: Die Erddrehung verlangsamt die Gezeiten, Küsten lenken sie ab oder versperren ihnen den Weg. Auch starke Stürme wirken sich auf die Gezeiten aus. Sie stauen das Meerwasser an der Küste auf, wodurch es dann nicht wieder abfließen kann und der Wasserstand viel höher ist als bei normaler Flut. Winde können aber auch das Wasser von der Küste wegtragen, sodass der Wasserstand weit unter dem normalen Wert liegt.

Kann man Gezeiten immer erkennen?

Es gibt Meere — zum Beispiel das Mittelmeer oder die Ostsee —, von denen man annehmen könnte, sie hätten keine Gezeiten. Das stimmt natürlich nicht, denn Gezeiten gibt es in allen Meeren. Aller- dings ist hier der Unterschied zwischen Hoch- und Niedrigwasser (Tidenhub) so gering, dass man ihn gar nicht wahrnimmt. Anders sieht es in der Nord- see aus. Dort sind die Gezeiten deutlich zu erken- nen. Die Flutwellen, die das Wasser zurück an die Küste tragen, entstehen nämlich nur in den Ozea- nen und werden in die Nebenmeere weitergetra- gen. Wenn die Nebenmeere mit den Ozeanen nur über schmale Bereiche verbunden sind wie bei- spielsweise das Mittelmeer, erreichen die Flutwel- len sie nicht oder werden abgeschwächt. Da die Nordsee aber eine viel breitere Verbindung zum At- lantischen Ozean hat als das Mittelmeer, gelangen die Flutwellen hierher und verursachen die deutlich zu erkennenden Gezeiten.

Stürme und Küsten beeinflussen die Gezeiten.

Wie entsteht eine Springtide?

Alle 14 Tage verursacht das Zusammenwirken der Anziehungskräfte des Mondes und der Sonne besonders starke Gezeitenbewegungen. Mond und Sonne stehen nämlich bei Vollmond und bei Neumond in einer Linie mit der Erde. Deshalb wirken die Flut erzeugenden Kräfte beider Himmelskörper in die gleiche Richtung und verstärken sich so gegenseitig. Dann kommt es zu einer sogenannten Springtide. Hierbei läuft das Hochwasser im Zuge der sogenannten Springflut besonders hoch auf. Entsprechend tief fällt bei Ebbe das Niedrigwasser ab.

Bei einer Springtide fällt das Niedrigwasser bei Ebbe besonders tief.

Was versteht man unter Tidenhub?

Der Unterschied zwischen Hoch- und Niedrigwasser bei Flut und Ebbe heißt Tidenhub. Dabei spielen die Anziehungskräfte von Sonne und Mond eine Rolle. Wenn sich die Anziehungskräfte von Sonne und Mond gegenseitig verstärken, tritt ein großer Tidenhub (Springtide) auf, wenn sie sich schwächen, ein kleiner Tidenhub (Nipptide). Der Tidenhub beträgt auf dem offenen Meer kaum mehr als 50 Zentimeter. An den Küsten dagegen ist er meist sehr viel größer. An der deutschen Nordseeküste beträgt er zum Beispiel zwei bis drei Meter, an der englischen Nordseeküste bis zu acht Meter und in der Bucht von Saint-Malo (Frankreich) im Ärmelkanal bis zu elf Meter. Dies kann man so erklären: Im flachen Wasser wächst die Gezeitenwelle, weil sie wie jede andere Welle auch langsam gebremst und dabei aufgestaut wird.

Was ist eine Nipptide?

Sieben Tage nach Voll- oder Neumond stehen Sonne, Erde und Mond nicht mehr in einer Linie, sondern bilden einen rechten Winkel. Dann heben sich ihre Anziehungskräfte zum Teil auf oder schwächen sich zumindest gegenseitig. Daher ist zu diesen Zeitpunkten die Stärke der Gezeiten am geringsten. Es kommt zur sogenannten Nipptide, bei der das Niedrigwasser nur sehr wenig abfällt und das Hochwasser nur wenig ansteigt.

Was sind Gezeitenströme?

Gezeiten verursachen nicht nur ein Steigen und Fallen des Wasserspiegels. Während sich das Meer nach oben hebt und nach unten senkt, fließt das Wasser auch vor und zurück. Auf dem offenen Meer sieht man diese Bewegung kaum. Doch vor allem in Meerengen und Buchten, wo die Bewegung der Wassermassen eingeengt ist, kann man die sogenannten Gezeitenströme beobachten. Sie entstehen durch den Wechsel von Ebbe und Flut. Ein Gezeitenstrom fließt zuerst mit der Flut in Richtung Küste („Flutstrom") und dann mit der Ebbe zurück in die Gegenrichtung („Ebbestrom"). Den Wechsel der Gezeitenströme nennen Fachleute übrigens „Kentern". In dem Moment, in dem der Strom „kentert", ist das Wasser ruhig und heißt „Stillwasser".

Meerwasser

e Bay of Fundy hat den höchsten Tidenhub.

des und dessen Dauer tragen ebenfalls zur Entstehung einer Sturmflut bei. Von Sturmflut spricht man, wenn das Wasser mehr als einen Meter über den mittleren Tidenhöchststand steigt, von einer schweren Sturmflut ab 2,5 Meter darüber und von einer sehr schweren Sturmflut bei über drei Metern.

Welche Geschwindigkeiten können Gezeitenströme erreichen?

Im weiten Ozean beträgt die Geschwindigkeit der Gezeitenströme etwa ein Kilometer pro Stunde. In schmalen Meerengen kann sie aber sogar Geschwindigkeiten von 15 bis 20 Kilometer in der Stunde erreichen.

Wo findet der größte Gezeitenwechsel der Erde statt?

Die Bay of Fundy an der kanadischen Ostküste hat den höchsten Tidenhub der Erde. Das bedeutet, dass hier der Unterschied zwischen Hoch- und Niedrigwasser bei Flut und Ebbe am größten ist. Er beträgt bei Springflut bis zu 21 Meter. Früher warteten die Fischer auf das Niedrigwasser und sammelten dann die Fische aus den Netzen, die sie bei Hochwasser aufgestellt hatten. Eine ungewöhnliche Art Fische zu fangen!

Wie entsteht eine Sturmflut?

Von einer Sturmflut spricht man, wenn das Wasser an den Meeresküsten ungewöhnlich hoch ist. Sie entsteht durch starke Winde, die in Richtung Land wehen und die zusammen mit einer Springtide auftreten. (Zur Erinnerung: Bei einer Springtide ist das Hochwasser besonders hoch und das Niedrigwasser besonders niedrig. Sie kommt vor allem bei Voll- und Neumond vor.) Die Stärke des Win-

Bei einer Sturmflut steigt das Wasser besonders schnell an.

Schätze des Meeres

Die Meere haben die Menschen schon immer mit Nahrung versorgt. Heute sind auch zahlreiche Industriezweige auf Rohstoffe aus dem Meer angewiesen. Man gewinnt Öl und Gas aus dem Gestein unter dem Meeresboden. Aus dem Meerwasser erhält man Salz und Trinkwasser.

Hauptnahrungsquelle der Fische. Nahe der Meeresoberfläche findet man wichtige Speisefische wie Makrele, Seelachs, Hering und Thunfisch. Nahe dem Meeresboden leben Kabeljau, Flunder, Schellfisch und Scholle sowie schmackhafte Krebse, Austern, Miesmuscheln und Tintenfische.

Fischfang: Für Fische, Krebse und Tintenfische, die in Küstengewässern leben, werden Netze und Fallen verwendet, die die Fischer von Hand setzen. Auf hoher See werden die großen Fischschwärme mithilfe von Sonargeräten aufgespürt und in verschiedenen Meerestiefen mit besonderen Netzen oder Haken gefangen. Fische, die unter der Meeresoberfläche leben, lockt man entweder in lange, vorhangartige Treibnetze, die an Bojen hängen, oder man fängt sie an langen Hakenleinen mit Ködern daran. Fischschwärme der mittleren Wassertiefen werden von Rundnetzen (Ringwaden) eingeschlossen, die man unter ihnen so fest zusammenzieht, dass die Netze zum Fangbeutel geschnürt werden. Um bodennahe Arten zu fangen, schleppen Trawler (Kutter) trichterförmige Schleppnetze über den Boden und fangen so die Beute. Auf modernen Fabrikschiffen werden die Fische gleich an Bord verarbeitet, also ausgenommen, gesäubert und anschließend schnell tiefgefroren.

Nahrung aus dem Meer

Jedes Jahr werden etwa 100 Millionen Tonnen Fisch gefangen, denn Fisch ist eine der wichtigsten Eiweißquellen für die Menschen. Zur Fischerei gehört neben dem Fischfang auch der Fang von Weichtieren und Krebsen. Die reichsten Fanggründe liegen dort, wo das Meer reich an Nährstoffen und daher auch reich an Plankton ist — der

Fischkutter

Auf dem Markt werden Fisch und Meeresfrüchte verkauft.

Fischfarmen: In vielen Küstenländern züchtet man Fische in Gehegen ähnlich wie die Haustiere auf dem Festland. Auf diesen Fischfarmen werden neben begehrten Speisefischen wie Lachsen und Regenbogenforellen auch Krebse und Muscheln gezüchtet. Fischfarmen bestehen aus schwimmenden Netzgehegen, in denen die Jungfische kontrolliert heranwachsen. Solche Farmen werden meistens in ruhigen Meeresbuchten angelegt.

Bodenschätze und Rohstoffe

Im Meerwasser und auf dem Meeresboden gibt es unermessliche Schätze an Mineralien und anderen wichtigen Rohstoffen.

Nutzung des Meerwassers: Aus dem Meerwasser gewinnt der Mensch schon seit Jahrtausenden Salz. In warmen, trockenen Ländern leitet man das Meerwasser in flache Becken (Salzbeete) und lässt es dort unter der heißen Sonne verdunsten. Zurück bleibt das Salz, das dann zusammengekehrt wird. Salzgewinnung ist ein langwieriger Vorgang. Es dauert fast zwei Jahre, bis der Boden der Becken mit Salzkristallen bedeckt ist. Man entzieht dem Meerwasser aber auch das

Es ist aufwendig, aus Meerwasser Trinkwasser herzustellen.

Salz, um Trinkwasser zu erhalten. Dazu wird das Meerwasser verdampft, wobei sich das salzfreie Wasser niederschlägt — man erhält trinkbares Süßwasser. Da man dazu aber sehr viel Energie benötigt, ist die Gewinnung von Trinkwasser aus dem Meer noch sehr teuer.

Energie aus dem Meer: Der zurzeit am meisten genutzte Rohstoff des Meeres ist das Erdöl, das oft tief unter dem Meeresboden liegt. Fast ein Viertel der Öl- und Gasmenge, die wir heute verbrauchen, wird aus den flachen Meeren des Kontinentalabhangs gefördert. Dafür werden riesige Plattformen (Bohrinseln) errichtet. Von dort aus bohrt man durch das Gestein und holt Öl und Gas an die Oberfläche. Das geförderte Öl wird meist über Rohre an Land gepumpt. An küstennahen Stellen wird es direkt mit Tankschiffen abtransportiert. Eine andere Form der Energiegewinnung findet in Gezeiten- und Meeresströmungskraftwerken statt. Hier wird — wie es der Name schon besagt — mithilfe der Gezeiten oder Meeresströmungen Strom gewonnen.

Manganknollen – Was ist das?

Einer der bekanntesten Schätze auf dem Meeresboden sind die Manganknollen. Das sind dunkelbraune bis schwarze, faustgroße Gebilde, die Kartoffeln ähneln. Sie enthalten das Metall Mangan, das in der Metallindustrie wichtig für die Stahlveredelung ist, aber auch Eisen, Nickel, Titan und andere Elemente. Die bedeutendsten Vorkommen lagern im Pazifischen Ozean in Tiefen zwischen 4000 und 6000 Metern. Für den Abbau verwendet man häufig ein Raupenfahrzeug. Es sieht wie ein Panzer aus und ist über eine Rohrleitung mit dem Förderschiff verbunden. Das Fahrzeug sammelt die Knollen auf und pumpt sie zum Schiff.

Was ist eine Bore?

Boren oder Gezeitenwellen sind Wellen, die man dort beobachten kann, wo Flüsse in das Meer münden. Sie entstehen, wenn flache und breite trichterförmige Flussmündungen die zur Küste fließenden Wellen so stauen, dass sie sich sammeln und ganz plötzlich in den Fluss hineinlaufen. Im Amazonas, einem Fluss in Südamerika, beispielsweise stürmt die Flutbrandung als bis zu fünf Meter hohe Wasserwand mehrere Hundert Kilometer stromaufwärts. Boren kommen auch in der Seine (Frankreich), im Gangesdelta (Indien) und an der Küste Chinas vor.

Boren entstehen in Flüssen, die ins Meer fließen.

Was sind Meeresströmungen?

Durch die Meere fließen Ströme wie Flüsse. Diese Ströme sind Wassermassen, die ununterbrochen durch die Ozeane transportiert werden. Sie sind so gewaltig, dass kein Fluss des Festlandes sich mit ihnen messen kann.

Welche Meeresströmungen unterscheidet man?

Bis vor wenigen Jahren kannte man nur die Strömungen an der Oberfläche des Meeres. Diese nennt man Oberflächenströmungen. Oberflächenströmungen reichen meist nur bis zu einer Tiefe von 300 Metern. Aber auch in den tieferen Bereichen gibt es mächtige Ströme, die Tiefenströmungen.

Wie entstehen Oberflächenströmungen?

Oberflächenströmungen werden durch stetig wehende Winde erzeugt. Daher sind der eigentliche Antrieb der riesigen Wasserströme die Passatwinde. Diese Strömungen können Geschwindigkeiten zwischen 30 und 60 Kilometer pro Tag erreichen. Zu Oberflächenströmungen gehören Äquatorialströmungen (nach Westen gerichtet), Strömungen vor den Ostküsten der Erdteile (zu den Polen gerichtet) und andere Strömungen, die ostwärts gerichtet sind.

Was sind Passatwinde?

Passatwinde sind Winde der tropischen Meeresregionen, die das ganze Jahr über beständig rund um die Erdkugel wehen. Auf der nördlichen Halb-

Mithilfe der Passatwinde kommen Segelschiffe schneller voran.

Meerwasser

kugel wehen sie aus dem Nordosten, auf der südlichen Halbkugel aus dem Südosten. Infolge der Erdumdrehung werden diese Winde nach Westen abgelenkt. Auf der nördlichen Halbkugel spricht man vom Nordostpassat, auf der südlichen vom Südostpassat. Die Passatwinde werden von Segelschiffen genutzt, um schneller voranzukommen.

Was sind Äquatorialströmungen?

Die Passatwinde wehen so beständig und so stark, dass sie das Wasser der Ozeane auf beiden Seiten des Äquators in zwei mächtigen Strömungen nach Westen treiben. Man bezeichnet sie als Äquatorialströmungen. Diesen Oberflächenströmungen stehen die Ostküsten der Erdteile im Wege. So schwenken sie nach Norden und Süden. Später geraten sie in andere Windsysteme und teilen sich in kleinere Strömungen auf.

Wie entstehen Tiefenströmungen?

Tiefenströmungen werden nicht wie die Oberflächenströmungen durch Winde, sondern durch andere Kräfte angetrieben. Es handelt sich dabei hauptsächlich um Unterschiede in der Wasserdichte: Kälteres und salzreiches Wasser ist nämlich schwerer (dichter) als wärmeres und salzarmes Wasser und sinkt daher auf den Meeresgrund ab. Die Tiefenströmungen entstehen dadurch, dass abgekühltes, salzreiches Wasser in nördlichen Breiten absinkt und über den Meeresboden weiterfließt. Von Süden läuft neues, warmes Wasser als Oberflächenströmung nach. Das abgesunkene, kalte Wasser fließt als Tiefenströmung Richtung Äquator zurück. Dort wird es wieder wärmer (und

Wissenswertes über den Äquator

Der Äquator ist eine gedachte Linie, die an der dicksten Stelle rund um die Erdkugel läuft. Sie teilt die Erde in eine nördliche und südliche Halbkugel und ist von beiden Polen gleich weit entfernt. Diese Linie ist etwa 40.075 Kilometer lang. Der Äquator hat die geografische Breite Null.

Der Äquator (rote Linie) teilt die Erde.

dadurch leichter) und steigt wieder auf. Das Ganze wiederholt sich und es entsteht ein Kreislauf. Tiefenströmungen haben eine sehr geringe Geschwindigkeit. Oft dauert es Jahre, bis ihr Wasser wieder an die Oberfläche gelangt.

Warum ändert sich der Salzgehalt des Meerwassers?

Der Salzgehalt des Meerwassers steigt an, wenn das Wasser verdunstet oder gefriert. Im Nordatlantik gibt es viel Eis, daher ist das Wasser dort besonders im Winter salzhaltiger und kälter als am Äquator. Dort jedoch kann der Salzgehalt des warmen Wassers auch steigen, wenn viel Wasser verdunstet, denn das Salz bleibt im übrigen Meerwasser zurück. Der Salzgehalt kann jedoch auch sinken, wenn beispielsweise im Nordatlantik Eis schmilzt. Dann gelangt es als Süßwasser ins Meer und das Meerwasser ist weniger salzig.

Was bewirken Tiefenströmungen?

Tiefenströmungen bringen kaltes Wasser aus den Polarregionen in die warmen tropischen Gebiete. Dort sorgen sie dafür, dass die Wassermassen ausgetauscht werden. Wenn das kalte Wasser nach oben aufsteigt, wirkt sich das auf das Klima der Bereiche an der Küste aus: Der Regen fällt schon über dem kalten Wasser. Wenn die Luft dann das wärmere Festland erreicht, enthält sie keine Flüssigkeit mehr und ist bereits trocken. Das bedeutet, dass es dort nicht mehr regnet. So können in Küstengebieten trockene Wüsten entstehen. Die Wüste Namib an der Küste Südwestafrikas ist zum Beispiel auf diese Weise entstanden.

Alexander von Humboldt (1769–1859)

Der deutsche Naturforscher und Wissenschaftler unternahm viele Erkundungsreisen nach Lateinamerika. Er beschrieb 1812, dass kalte Tiefseeströmungen von den Polarregionen zum  Äquator fließen und dort das Klima abkühlen können. Nach ihm wurde der Humboldtstrom (an der Küste von Chile und Peru) benannt.

Alexander von Humboldt

Was sind kalte und warme Strömungen?

Je nach der Temperatur von Meeresströmungen unterscheidet man zwischen kalten und warmen Strömungen. Warme Meeresströmungen entstehen in Äquatornähe. Sie transportieren wärmeres

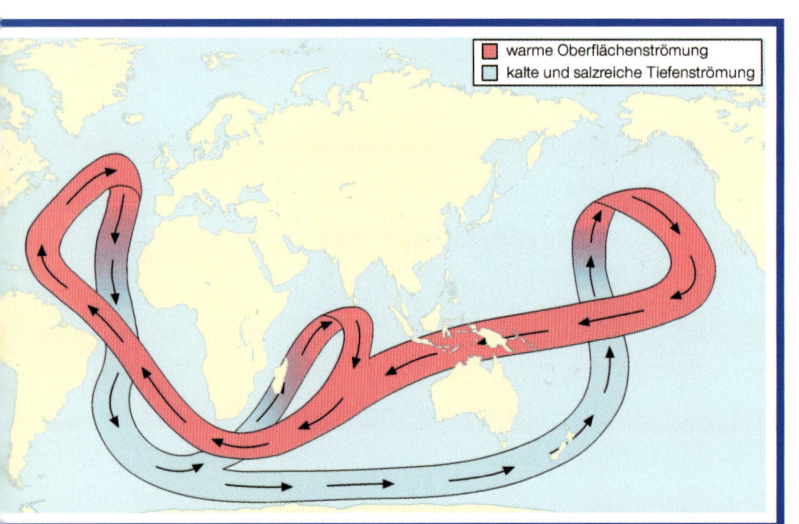

Kalte und warme Meeresströmungen beeinflussen unser Klima.

Wasser durch kaltes Umgebungswasser (in die Bereiche in Polnähe) und sorgen für wärmere Luft. Entgegengesetzte Meeresströmungen, die aus den Polargebieten Richtung Äquator fließen, sind kalte Strömungen. Sie transportieren kälteres Wasser durch warmes Umgebungswasser und kühlen die Luft somit ab. Du kannst dir die Meeresströmungen im Grunde als eine Art riesige Klimaanlage vorstellen, die kalte und warme Luft rund um den Erdball verteilt.

Wo sind die großen warmen Meeresströmungen?

Zu den großen warmen Meeresströmungen gehören zum Beispiel der Golfstrom (Atlantik), der Brasilstrom (Atlantik), der Kuroshio (Pazifik), der Karibische Strom (Atlantik), die Nord- und Süd-

Meerwasser

äquatorialströme (Atlantik, Pazifik, Indischer Ozean) sowie der Antillenstrom (Atlantik).

Wo sind die größten kalten Meeresströmungen?

Die großen kalten Meeresströmungen sind zum Beispiel der Humboldtstrom (Pazifik), der Kanarenstrom (Atlantik), der Oyashio (Pazifik), der Ostgrönlandstrom (Atlantik), der Labradorstrom (Atlantik) und der Kalifornische Strom (Pazifik).

Wie können Meeresströmungen das Klima beeinflussen?

Warme Meeresströmungen beeinflussen vor allem die Luftmassen ihrer Umgebung und sorgen für wärmere Lufttemperaturen, als es der geografischen Lage entspricht. Dank des Golfstroms zum Beispiel, einer warmen Meeresströmung im Atlantischen Ozean, ist es bei uns in Europa fünf Grad wärmer, als es normalerweise der Fall wäre. Bei kalten Strömungen, die aus den Polargebieten Richtung Äquator fließen, ist es umgekehrt. Sie verursachen kühlere Temperaturen.

Was bewirken Veränderungen in einer Meeresströmung?

In einer Meeresströmung kann es zu plötzlichen Veränderungen kommen, zum Beispiel durch Vul-

kanausbrüche oder durch besondere Erscheinungen wie El Niño. Sie können vor allem weitreichende Folgen für das Klima haben. El Niño ist eine Warmwasserströmung, die die Kaltwasserströmung vor der Küste Perus und Ecuadors im Pazifik verdrängt. Obwohl diese Erscheinung auf bestimmte Gebiete begrenzt ist, wirken sich die Folgen auch auf das Klima weit entfernt liegender Regionen aus. So kommt es beispielsweise an der südamerikanischen Küste sowie in Ostafrika zu starken Regenfällen. Diese führen zu folgenschweren Überschwemmungen. Stürme und Erdrutsche nehmen zu. Im Regenwald im Amazonasgebiet herrscht dagegen Trockenheit, die sich bis nach Australien, Indonesien und Südafrika ausbreitet. Es gibt Dürreperioden, Buschfeuer und Waldbrände. Vor der peruanischen Küste kommt es sogar zu einem Massensterben von Fischen und Korallen, denn das Plankton, das im kalten Wasser sehr reichlich vorhanden ist, stirbt durch die Erwärmung des Wassers ab.

Wissenswertes über den Golfstrom

Der Golfstrom ist eine der mächtigsten und auch der bekanntesten Meeresströmungen. Er entsteht am Golf von Mexiko und bringt warmes Wasser bis nach Spitzbergen. Das ist eine Inselgruppe im Norden von Norwegen im Nordpolarmeer. Durch das warme Wasser des Golfstroms entsteht in Nordeuropa ein recht mildes Klima, obwohl es dort eigentlich viel kälter sein müsste. Denn dieses Gebiet liegt genauso weit nördlich wie Alaska, wo es meistens eisig kalt ist.

Wie weit können Meeresströmungen Gegenstände tragen?

Strömungen des Meeres können Gegenstände, die ins Wasser gefallen sind, über weite Strecken tragen. So fand man zum Beispiel Weinflaschen, die vor etwa 30 Jahren zwischen Südamerika und der Antarktis (Südpol) von einem Schiff aus ins Meer geworfen worden waren, viel später Tausende von Kilometern entfernt wieder. Inzwischen waren sie von den Strömungen über den Pazifischen und Indischen Ozean getrieben worden!

Meeresströmungen können Gegenstände weit tragen.

Wie stellten die frühen Seefahrer Strömungsstärke fest?

Schon lange bevor die wissenschaftliche Erforschung der Meeresströmungen im 19. Jahrhundert begann, konnten Seefahrer die Strömungsstärke feststellen. Sie beobachteten Segelschiffe und Boote, die trotz Windstille von ihrem Kurs abwichen. So erhielten sie Hinweise über ihre Richtung und Geschwindigkeit. Auch treibende Eisberge und Schiffswracks halfen ihnen, Rückschlüsse auf den Verlauf von Strömungen zu ziehen.

Wie misst man Meeresströmungen heute?

Als man mit der Erforschung der Meeresströmungen begann, benutzte man dazu die „Flaschenpost"! Die Forscher warfen fest verkorkte Flaschen mit einer Postkarte darin ins Meer. Der Finder einer solchen Flasche sollte die Karte an den Absender zurückschicken und den Fundort angeben. Die meisten Flaschen gingen jedoch in den weiten Ozeanen verloren. In der modernen Forschung benutzt man ebenfalls Drift- oder Treibkörper. Sie sind beschwert und sinken in eine vorbestimmte Tiefe. Von dort senden sie Schallsignale aus, die von Schiffen über weite Entfernungen verfolgt werden können, während sie mit der Tiefenströmung treiben. Es gibt auch festliegende Strömungsmesser, die an Schiffen oder Bojen angebracht sind. Oder sie werden in großen Tiefen am Meeresgrund befestigt und messen dort monatelang Temperaturen und Strömungsrichtungen. Durch Funkbefehle werden sie wieder an die Meeresoberfläche geholt.

Wie entstehen Wellen?

Als Meereswellen bezeichnet man die Bewegungen des Wassers an der Oberfläche der Meere, die in bestimmten Abständen auftreten. Wellen werden meist durch Winde erzeugt. Je größer die Meeresfläche ist und je weniger Hindernisse (zum Beispiel große Inseln) den Wind bremsen, desto gewaltiger können diese Wellen sein. Aber es gibt auch Meereswellen, die durch andere Kräfte entstehen: durch Vulkanaus-

Meerwasser

brüche, starke Erdbeben oder die Gezeiten. Wellen können sehr verschiedene Formen, Größen und Geschwindigkeiten haben.

Meereswelle

Wovon hängt die Wellenhöhe ab?

Die Höhe der Wellen ist abhängig von der Stärke, der Dauer und der Anlauflänge des Windes. Je länger diese Anlaufstrecke ist, desto höher sind die Wellen. In der Regel überschreiten die Wellen nicht die Höhe von vier Metern. In Regionen mit vielen

Das ABC der Wellen

Wellenberg: oberer Teil einer Welle
Wellengang: Bewegung der Wellen
Wellenkamm: höchster Teil des Wellenberges
Wellenlänge: Entfernung zweier benachbarter Wellenberge oder Wellentäler
Wellental: unterer Teil einer Welle

Orkanen können bis zu 25 Meter hohe Wellen auftreten, zum Beispiel zwischen Neuseeland, Kap Hoorn (Landspitze Südamerikas) und Antarktika (Südpolarkontinent).

Was geschieht mit Gegenständen auf einer Welle?

Ein schwimmender Gegenstand (zum Beispiel ein Ball) tanzt auf den Wellen auf und ab, wenn diese unter ihm hindurchlaufen. Der Gegenstand wandert dabei kaum vom Fleck, wird also nicht weitergetragen. Der Grund dafür ist, dass sich die Wasserteilchen einer Welle im Kreis — hoch, vorwärts, runter und wieder zurück — bewegen. Der Gegenstand macht diese Bewegung zwar mit, bewegt sich selbst aber nicht weiter. Denn nur die Welle selbst pflanzt sich über die Wasseroberfläche fort, das Wasser aber bleibt an der gleichen Stelle.

Ein Ball tanzt auf den Wellen.

Was passiert, wenn sich Wellen zweier Stürme treffen?

Auf ihrem Weg durch das Wasser bilden Wellen Reihen von Kämmen und Tälern. Es kommt vor, dass Wellen aus zwei Stürmen einander kreuzen. Trifft dann ein Wellenkamm auf einen anderen, überlagern sie sich und wachsen zu fast doppelter Höhe an. Trifft aber ein Kamm auf ein Wellental, wird die Welle entsprechend kleiner.

Was versteht man unter Dünung?

Wenn ein Sturm vorüber ist, der Wind sich also gelegt hat, glättet sich das aufgewühlte Meer nicht sofort. Die kurzen und steilen Wellen gehen nun in lange und sanfte Wellen mit runden Kämmen über. Diese Wellen bezeichnet man als Dünung. Dünungswellen können mehrere Tage, sogar mehrere Wochen nach dem Ende eines Sturmes fortbestehen und weit aus ihrem Entstehungsgebiet herauswandern.

Wie schnell breiten sich Dünungswellen aus?

Dünungswellen sind 250 bis 900 Meter lang. Auf dem offenen Meer breiten sie sich mit Geschwindigkeiten von 70 und mehr Kilometern pro Stunde aus und können so riesige Entfernungen überwinden, ohne spürbar nachzulassen. Daher sind Passagiere eines Schiffes besonders überrascht, wenn sie in windarmen, ruhigen Meereszonen plötzlich auf Dünungswellen treffen.

Was ist eine Brandung?

Wenn Wellen in flaches Wasser gelangen, werden sie vom Meeresboden gebremst. Die Welle wird kürzer, dabei aber steiler und höher. Schließlich bricht sie nach vorn und zerschellt auf dem Strand. Dieses Überbrechen oder Überstürzen der Meereswellen bei geringer Wassertiefe nennt man Brandung. Besonders gewaltig sind Brandungswellen dort, wo Dünungswellen aus großen Stürmen auf die Küste treffen.

Meeresbrandung

Welche Brandungsformen gibt es?

Man unterscheidet zwischen Strand- und Klippenbrandung. Strandbrandung entsteht an flach geneigten Küsten, Klippenbrandung an felsigen Küsten. Bei der Strandbrandung fließt das Wasser am Boden ab. Bei der Klippenbrandung werden Steinbrocken aus den Felsen gebrochen und die Wellen höhlen die Felsen aus. So entstehen Brandungshöhlen.

Wie kommt es zur Küstenerosion?

Von Erosion spricht man, wenn der Erdboden abgetragen, also fortbewegt wird. Wenn sich die Küsten im Laufe der Zeit durch Abtragung verändern, nennt man diesen Vorgang Küstenerosion. Für sol-

Meerwasser

che Küstenveränderungen ist in erster Linie die Meeresbrandung verantwortlich. Da Steilküsten aus lockeren Ablagerungen (Sedimenten) bestehen, wird dort durch Meeresbrandung besonders viel Material abgetragen. Wissenschaftler nennen die Küstenerosion Abrasion.

Was versteht man unter Seegang?

Die Wellenbewegung, die vom Wind erzeugt wird, bezeichnet man als Seegang. Es handelt sich um Windsee, Dünung und Brandung. Windsee nennt man die Wellen, die nicht aus anderen Meeresgebieten herangetragen wurden, sondern zu der betreffenden Zeit im Windgebiet selbst erzeugt werden. Der Seegang ist vor allem von der Windstärke abhängig.

Was ist Windstärke?

Winde haben großen Einfluss auf das Meer, seine Wellen und Strömungen. Von großer Bedeutung ist dabei immer ihre Stärke. Die Windstärke ist das Maß für die Windgeschwindigkeit. Sie wird nach der Beaufortskala anhand von Beobachtungen geschätzt. Diese Skala mit zwölf Windstärken wurde 1806 aufgestellt und nach dem britischen Admiral Sir Francis Beaufort (1774–1854) benannt. Null Beaufort entspricht der Windstille, zwölf Beaufort dem Orkan.

Was ist Gischt?

Die Gischt ist der weiße Schaum, der dann entsteht, wenn Meereswellen brechen. Den Schaum, der bei starkem Wind von den Wellenkämmen ab-

Der Wind und die Beaufortskala

Windstärke	Windge-schwindigkeit (km/h)	Höhe der Wellen (m)
0	unter 1	0
1	1—5	0—0,1
2	6—11	0,1—0,5
3	12—19	0,5—1,25
4	20—28	1,25—2,5
5	29—38	2,5—4
6	39—49	4—6
7	50—61	6—9
8	62—74	9—14
9	75—88	14
10	89—102	über 14
11	103—117	über 14
12	118 und mehr	über 14

geblasen wird, bezeichnet man ebenfalls als Gischt. Gischt kann auch an Wasserfällen entstehen, wo Wasser zerstäubt wird.

Gischt entsteht, wenn Wellen brechen.

Was ist ein Tsunami?

Als Tsunami (japanisch: „Meereswelle") bezeichnet man eine gewaltige Meereswelle, die ganz plötzlich auftritt. Sie wird durch ein Seebeben oder unterseeische Vulkanausbrüche verursacht. Solche Riesenwellen kommen am häufigsten am Rand des Pazifischen Ozeans, im sogenannten Feuerring, einer Vulkankette, vor. Im Atlantischen und Indischen Ozean sind sie hingegen selten.

Tsunamis werden durch Seebeben verursacht.

Wann erreichen Tsunamis die Höhe von Wohnhäusern?

Im offenen Meer ist ein Tsunami kaum zu erkennen. Wenn er aber in flachere Küstengewässer gelangt, kündigt er sich oft dadurch an, dass sich das Wasser an der Küste auf spektakuläre Art in sehr kurzer Zeit Hunderte Meter zurückzieht und Meeresboden freilegt. Doch der Tsunami wächst schnell an, weil er vom Boden gebremst wird. Dadurch türmt er sich zu einer riesigen Wasserwand auf und kann eine Höhe von bis zu 30 Metern erreichen. Ein Tsunami bricht mit gewaltiger Wucht in das Festland ein und richtet verheerende Schäden an.

Tsunamis richten verheerende Schäden an.

Wie schnell können sich Tsunamis bewegen?

Tsunamis breiten sich von der Mitte eines Seebebens ringförmig aus. Sie durchlaufen einen gesamten Ozean mit einer ungeheuren Geschwindigkeit und können bis zu 800 Kilometer in der Stunde erreichen. Wie schnell sie sich tatsächlich ausbreiten, hängt von der Wassertiefe ab. Bei 4000 Meter Tiefe sind es etwa 700 Kilometer in der Stunde, im flacheren Küstenbereich 20 bis 100 Kilometer in der Stunde.

Wo entstehen tropische Wirbelstürme?

Ein Wirbelsturm ist eine heftige Luftbewegung, die sich karussellartig dreht. Von Wirbelstürmen sind hauptsächlich die tropischen Gebiete betroffen. Sie entstehen nur über großen Meeresflächen, wenn das Wasser eine Temperatur von mindestens 26 Grad Celsius hat. Je nachdem, wo sie entstehen, haben Wirbelstürme unterschiedliche Namen: Im westlichen Atlantik (zum Beispiel in der Karibik) sowie im Nord- und Südpazifik heißen sie Hurrikan, im westlichen Pazifik Taifun und im Indischen Ozean Zyklon.

Meerwasser

Wirbelstürme entstehen über dem Meer.

Wo kommen Orkane am häufigsten vor?

Die stärksten Winde mit einer Geschwindigkeit von über 120 Kilometern in der Stunde bezeichnet man als Orkane. Das entspricht der Windstärke zwölf auf der Beaufortskala. Orkane treten am häufigsten in den tropischen Gebieten über dem Ozean auf.

Was ist das „Auge" eines Sturms?

Als „Auge" des Sturms bezeichnet man die Mitte des Wirbels. Dort herrscht Windstille und es ist völlig ruhig, während außen herum der heftigste Sturm tobt. Denn bei der Kreisbewegung werden die Luftmassen nach außen gedrückt — ähnlich wie beim Karussellfahren. Das „Auge" kann einen Durchmesser von 15 bis 30 Kilometern haben.

Wie schnell kann ein Hurrikan werden?

Wenn ein Wirbelsturm mindestens die Windgeschwindigkeit Orkanstärke hat (Stärke zwölf auf der Beaufortskala), spricht man von einem Hurrikan. Auf Ozeanen erreicht ein Hurrikan meist Windgeschwindigkeiten um die 200 Kilometer pro Stunde. Das „Auge" hat dann etwa einen Durchmesser von 20 Kilometern und der Wirbelsturm ist in einem Umkreis von etwa 500 Kilometern zu spüren. Sobald ein Hurrikan auf Land trifft, verliert er an Geschwindigkeit.

Was ist eine Wind- oder Wasserhose?

Echte Wirbelstürme kommen in Mitteleuropa nicht vor, weil es hier allgemein nicht so warm ist. Manchmal treten aber kleine, sehr heftige Luftwirbel über größeren Wasserflächen (zum Beispiel Seen), aber auch über Land auf, die man Wind- oder Wasserhosen nennt. Eigentlich sind es kleine Tornados, die jedoch nicht so große Zerstörungen verursachen wie die tropischen Wirbelstürme.

Die Mitte eines Wirbelsturms bezeichnet man als Auge.

Gefahren des Meeres

Das Meer ernährt uns, versorgt uns mit Energie und bietet viel Entspannung in der Urlaubszeit. Es birgt aber auch viele Gefahren für Menschen und Schiffe – Wirbelstürme rasen über das Wasser, gewaltige Wellen zerstören Küstenstädte, Eisberge rammen Schiffe.

Das entfesselte Meer

Wenn es Unwetter gibt oder Seebeben Riesenwellen auslösen, entstehen enorme Kräfte auf dem Meer. Oft können die Menschen rechtzeitig der Gefahr entkommen, manchmal geschieht aber alles so überraschend, dass es für viele keine Rettung gibt.

Stürme und Unwetter: Die gefährlichsten Wetterphänomene der Erde treten auf dem Meer auf oder entstehen dort. Besonders die tropischen

Mit Unwettern auf dem Meer ist nicht zu spaßen.

Wirbelstürme können verheerende Verwüstungen anrichten. Sie bilden sich über den warmen Tropenmeeren und haben eine zerstörerische Kraft. Wirbelstürme drehen sich mit rasender Geschwindigkeit um ein ruhiges Zentrum, das „Auge des Sturms". Je nach Region werden sie als Hurrikan (im Atlantik), Taifun (im Nordosten des Pazifiks) oder Zyklon (im Indischen Ozean) bezeichnet. An Land verlieren die Wirbelstürme an Kraft. Zuvor jedoch können diese unbeschreiblich starken Winde und dadurch verursachte riesige Wellen Schiffe zum Kentern bringen und weite Küstenbereiche zerstören. Besonders Zyklone in Südasien führen zu Überflutungen, die viele Menschenleben kosten, wie es im Mai 2008 in Myanmar (Birma) der Fall war. Dabei starben über 100.000 Menschen und Millionen wurden obdachlos.

Zerstörerische Meereswellen: Auch durch starke Seebeben können riesige Wellen ausgelöst werden — die Tsunamis. Diese Wellen pflanzen sich so schnell fort, wie ein Düsenflugzeug fliegen kann. Sie können in Buchten bis zu 30 Meter hoch werden. Die bisher verheerendsten Folgen hatte ein Tsunami, der 2004 durch ein Seebeben im Indischen Ozean ausgelöst wurde. Weite Küstengebiete in Süd- und Südostasien wurden überschwemmt und über 300.000 Menschen starben. Es gibt auch Monsterwellen, die mit Tsunamis nichts gemein haben. Sie entstehen nur an der Wasseroberfläche. Meist handelt es sich um eine einzelne riesige Welle. Von diesen Wellen berichteten Seeleute schon früher, aber man hielt diese

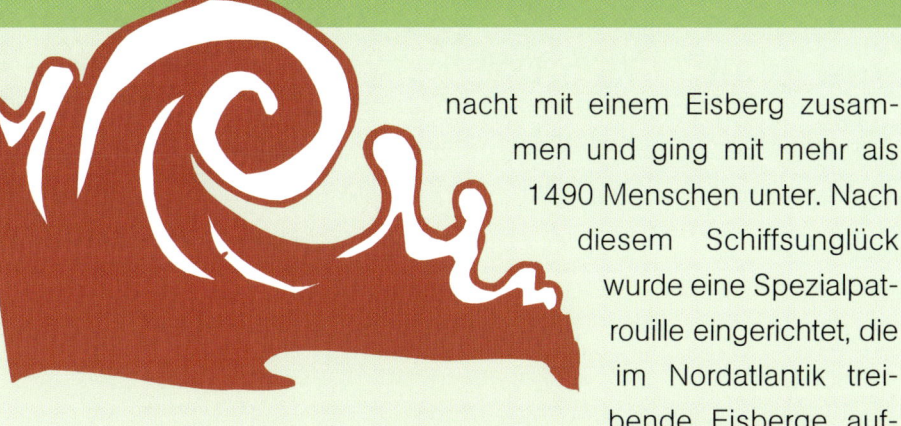

Geschichten lange Zeit für Märchen. Heute jedoch beschäftigen sich Wissenschaftler auf der ganzen Welt mit dieser rätselhaften Erscheinung. Diese Riesenwellen entstehen bei schlechtem Wetter, wenn sich mehrere hohe Wellen zu einer ganz hohen Welle auftürmen. Eine Monsterwelle kann sogar einen riesigen Ozeandampfer zum Kentern bringen.

Verborgene Gefahren

Auf dem Meer gibt es für Schiffe viele Gefahren, die entweder überraschend auftauchen wie Eisberge oder im Wasser verborgen sind wie Felsen und Riffe. Am gefürchtetsten sind Eisberge, die von den Polargebieten aus in die viel befahrenen Schifffahrtswege treiben. Eisberge können selbst bei klarer Sicht Schiffe gefährden, die zu dicht an sie heranfahren. Denn ein Eisberg befindet sich zu 90 Prozent unter der Wasseroberfläche und kann den Schiffsrumpf rammen und stark beschädigen. So kam es auch zu einer der schlimmsten Katastrophen in der Geschichte der Seefahrt. Im Jahre 1912 stieß der Luxusdampfer Titanic um Mitternacht mit einem Eisberg zusammen und ging mit mehr als 1490 Menschen unter. Nach diesem Schiffsunglück wurde eine Spezialpatrouille eingerichtet, die im Nordatlantik treibende Eisberge aufspürt, sie beobachtet und ihre Position an Schiffe weitergibt. Eine weitere große Gefahr für Schiffe stellen Untiefen dar. Als Untiefe bezeichnet man eine seichte Stelle im Meer, die aufgrund ihrer geringen Tiefe für die Schifffahrt gefährlich ist, weil das Schiff den Grund berühren kann. Untiefen sind in Seekarten eingezeichnet und werden durch schwimmende Tonnen kenntlich gemacht. Auch wandernde Sandbänke stellen eine unsichtbare Gefahr dar. Berüchtigt sind die verborgenen Sandbänke vor der Südküste Englands (Goodwin Sands), die seit dem 16. Jahrhundert Tausenden von Schiffen zum Verhängnis wurden.

Eisberge stellen eine große Gefahr für Schiffe dar.

Hilfe! Moderne Piraten

Bei dem Wort Pirat denkst du sicher an die alten Freibeuter, die im 16. und 17. Jahrhundert die Meere unsicher machten. Doch Piraten gibt es noch heute. Moderne Piraten sind in schnellen, kleinen Booten unterwegs und mit Maschinengewehren ausgerüstet. In indonesischen Gewässern trifft man sie am häufigsten an. Sie überfallen vor allem Handelsschiffe, weil sie die Schiffsladungen stehlen und verkaufen wollen. Sie machen also eigentlich das, was Piraten schon immer getan haben. Manchmal entführen sie auch heute noch Menschen.

Welche Lebensbereiche gibt es im Meer?

Auch im Meer leben wie auf dem Festland zahlreiche Tiere und Pflanzen. Der Lebensraum Meer ist hundertmal größer als der Lebensraum des Festlandes. Dennoch findet man hier nur etwa ein Achtel aller uns bekannten Tier- und Pflanzenarten — das sind weniger als 200.000 Arten. Auf der Erde gibt es etwa eine Million bekannte Tierarten und etwa 375.000 bekannte Pflanzenarten. Die großen Lebensbereiche des Meeres sind flache Küstengewässer, das offene Meer und die Tiefsee.

Ernst Haeckel (1834–1919)

Der deutsche Zoologe und Naturphilosoph war ein großer Anhänger der Evolutionstheorie von Charles Darwin. Er machte bedeutende Studien über Meereslebewesen und prägte die Begriffe Benthos (auf und im Meeresgrund festsitzende oder herumkriechende Organismen) und Nekton (frei schwimmende Lebewesen im Meer).

Welche Gruppen von Meeresbewohnern gibt es?

Wissenschaftler unterteilen die Meeresbewohner in drei große Gruppen: Die erste Gruppe lebt auf oder unmittelbar über dem Meeresgrund. Dazu zählen Pflanzen (Tang und Seegras), Muscheln, Schnecken, Krebse und Würmer. Diese Gruppe wird als Benthos bezeichnet. Zur zweiten Gruppe gehören alle höheren Meerestiere: Fische, Kopffüßer (Tintenfische) und Meeressäugetiere (Wale und Robben). Da sie frei umherschwimmen, können sie sich ihren Platz im Meer selbst aussuchen. Diese Gruppe nennt man Nekton. Die dritte Gruppe der Meeresbewohner ist das Plankton. Dazu gehören alle winzigen Pflanzen und Tiere, die man nur unter dem Mikroskop erkennen kann. Sie sind so leicht, dass sie im Wasser schweben. Das Plankton bildet die Nahrungsgrundlage vieler Meereslebewesen.

Was ist eine Nahrungskette im Meer?

Auf dem Festland und im Wasser bilden Pflanzen die Grundlage allen tierischen Lebens. Im Meer ist das pflanzliche Plankton (kleinste einzellige Algen) die Nahrungsgrundlage für das tierische Plankton (winzige Krebse). Die Algen gewinnen wie die Pflanzen an Land die Energie aus dem Sonnenlicht, die Nährsalze entnehmen sie dem Meerwasser. Das tierische Plankton ist die Nahrung aller kleineren Fleischfresser des Meeres. Diese werden dann von den größeren Raubfischen gefressen. So entsteht eine Nahrungskette. Allgemein kann man sagen, dass in einer Nahrungskette die jeweils kleineren und schwächeren Lebewesen von den größeren und stärkeren gefressen werden. Am Ende dieser Kette steht meistens der Mensch.

Vereinfachtes Modell einer Nahrungskette

Meeresbewohner

Welche Lebewesen findet man in flachen Gewässern?

Wenn du schon einmal im Meer gebadet hast, bist du im flachen Wasser sicher schon öfter auf grüne oder grünlich braune Pflanzen getreten. Es handelt sich dabei um Seegras oder riesige Meeresalgen, die man Tang nennt. An den Küsten gibt es neben diesen Pflanzen natürlich noch andere Meeresbewohner, zum Beispiel kleinere Fische und manchmal sogar große Räuber wie Haie und Delfine. Weiter draußen in flachen Meeren leben am Boden außerdem verschiedene Würmer, Muscheln, Schnecken, Krebse, Seeigel, Seegurken und Seesterne.

Haie leben in flachen Gewässern.

Warum sind die Küstengewässer so artenreich?

In den Gewässern am Rande der meisten Kontinente finden die pflanzenfressenden Meerestiere einen besonders reich gedeckten Tisch. In den Küstengewässern reicht das Sonnenlicht bis zum flachen Grund hinunter. So gewinnt das pflanzliche Plankton Energie und kann sich mithilfe von Nährsalzen schnell vermehren. Dadurch haben die Tiere dieser Gewässer immer genug zu fressen. Auch Seegras und Tang, die Sonnenenergie benötigen, wachsen hier üppig und bilden richtige Wiesen und Wälder. Dort finden viele Fischarten Laichplätze und Jungfische später Schutz vor Feinden.

Welche Tiere leben im offenen Meer?

An die flachen Küstengewässer (Schelfmeere) schließt sich das offene Meer oder die Hochsee an. In tiefere Schichten des Meeres kann das Sonnenlicht nicht mehr so stark oder gar nicht eindringen. Dieser Bereich des Meeres ist daher meist nicht so gut mit Nährstoffen versorgt wie das flache Meerwasser. Deshalb kommen hier weniger Tierarten vor. Im offenen Meer leben Quallen, Krebse, Tintenfische, Schildkröten und vor allem Fische, aber auch einige Säugetiere: Wale, Delfine und Robben. Im offenen Meer gibt es viel Plankton. Es handelt sich um winzige, fast durchsichtige pflanzliche und tierische Lebewesen. Das Plankton wird von größeren Tieren gefressen, vor allem von Fischen und kleinen Krebsen, die man Krill nennt. Krill wiederum ist die Nahrungsgrundlage für viele Wale.

Neben Delfinen leben noch viele andere Tiere im offenen Meer.

Was sind festsitzende Tiere?

Am Meeresboden leben viele Tiere, die sich nicht von der Stelle bewegen können. Solche Tiere nennt man festsitzend. Die bekanntesten unter ihnen sind die Blumentiere (Korallentiere), die Moostierchen und die Schwämme. Blumentiere und Moostierchen haben kleine Fangarme (Tentakel), mit denen sie die Nahrung aus dem Wasser einfangen und in die Mundöffnung führen. Schwämme filtern Nahrungsteilchen aus dem Wasser, das durch die vielen Löcher in ihrem Körper fließt. Du kennst sicher einen natürlichen Badeschwamm. Dabei handelt es sich um das Skelett eines Schwamms!

Schwämme gehören zu den festsitzenden Tieren.

Wie entstehen Korallenriffe?

Korallen (Blumentiere) sind winzige Meerestiere mit Fangarmen, die wie kleine Bäumchen aussehen. Sie leben in riesigen Kolonien. Sie vermehren sich durch Knospung, das heißt, dass sie seitlich immer neue kleine Korallen bilden. Die „Babykorallen" bleiben neben den alten und mit der Zeit entsteht eine große Kolonie. Aber nicht alle Korallen bilden Riffe. Das können nur bestimmte Arten, vor allem Steinkorallen. Wenn diese Korallen sterben, bleibt von ihnen nur ein hartes Kalkskelett übrig. Diese Skelette wachsen Schicht für Schicht in die Höhe. So

entsteht eine Art Hochhaus, das aber eher wie ein verzweigter Baum aussieht. Viele solche Hochhäuser aus Korallenskeletten nebeneinander nennt man Korallenriff.

Welche Formen und Farben haben Korallenkolonien?

Die meisten Korallenkolonien sind abwechslungsreich gefärbt und leuchten in Gelb, Orange, Rosa, tiefstem Rot und Violett. Auch ihre Bauten haben auffällige Formen. Sie ähneln Zweigen, Geweihen oder Fächern. Es gibt sogar Korallenkolonien in Polsterform, deren Windungen an ein Gehirn erinnern.

Korallen haben die unterschiedlichsten Farben.

Warum entstehen Korallenriffe nur in flachen Meeren?

Aus Kalkskeletten von Korallentieren aufgebaute Wälle in tropischen Meeren nennt man Korallenriffe. Riff bildende Korallen findet man ausschließlich in flachen Gewässern. Sie kommen nur in Tiefen vor, in die das Sonnenlicht noch vordringt. Denn bestimmte Algen, die in den Korallenkolonien

Meeresbewohner

leben, brauchen das Licht als Energiequelle. Die Korallen wiederum können ohne diese Algen nicht leben. Deshalb werden unterhalb von 45 Metern Tiefe kaum noch Riffe gebaut, weil die Sonnenstrahlen nicht tiefer in das Meer eindringen können.

Wie ernähren sich Korallen?

Korallentiere ernähren sich von tierischem Plankton. Sie haben eine Mundöffnung, die von Fangarmen (Tentakeln) umsäumt ist. Die Tentakel strecken sich, greifen das Plankton aus dem vorbeiströmenden Wasser heraus und führen es zur Mundöffnung. Übrigens: Diese Öffnung dient auch zur Ausscheidung der Nahrung, also als After!

Welche Tierarten bewohnen Korallenriffe?

Korallenriffe werden von sehr vielen Tieren besiedelt. Unter anderem leben hier Schwämme, Seeanemonen, Seegurken, Seesterne, Meeresschildkröten, Riesenmantas und auch Räuber wie Seeschlangen und Barrakudas. In Korallenriffen lebt auch ein Drittel aller Fischarten der Erde!

Welche Korallenrifftypen gibt es?

Korallenriffe werden in drei Gruppen eingeteilt: Saumriffe, Atolle und Barriereriffe. Saumriffe erstrecken sich entlang der Küsten als schmaler Saum. Atolle sind Koralleninseln. Sie entstehen in der Regel aus Saumriffen um vulkanische Inseln. Ein Barriereriff ist ein wallartiges Korallenriff, das durch eine Meeresstraße oder eine Lagune vom Festland getrennt ist.

Warum sind Korallenriffe so artenreich?

Die meisten Tierarten im Meer leben in den Korallenriffen. Der Grund für diesen Artenreichtum ist, dass ein Riff seinen Bewohnern eine große Auswahl an Nahrung bietet. Pflanzenfressende Fische, Seeigel, Seesterne und viele Weichtiere ernähren sich von Algen, die im Korallenriff reichlich vorkommen. Schwämme filtern das Plankton aus dem Wasser. Seeanemonen betäuben kleine Fische mit ihren giftigen Nesselkapseln und fressen sie dann. Und auch die Räuber ernähren sich von den vielen kleineren Fischen, die in den Korallenriffen leben. Du siehst also: Jeder Riffbewohner kann sich auf eine reich gedeckte Tafel freuen!

Wie groß können Korallenriffe werden?

Korallenriffe wachsen ziemlich langsam: je nach Art ein bis 100 Zentimeter im Jahr. Dafür können sie aber riesige Ausmaße erreichen. Das Große Barriereriff (Great Barrier Reef) vor der Nordostküste Australiens ist das größte Korallenriff der Erde. Es ist 347.800 Quadratkilometer groß. Im Jahre 1981 wurde es von der UNESCO zum Weltnaturerbe erklärt.

Teil des Großen Barriereriffs

Warum sind Korallenfische besonders bunt?

Als Korallenfische bezeichnet man viele verschiedene Fischarten, die an oder in Korallenriffen leben. Die meisten von ihnen sind außergewöhnlich bunt gefärbt. Diese auffallende Färbung dient vor allem der Tarnung: Die Fische sind dadurch kaum von den bunten Korallenkolonien zu unterscheiden und können von ihren Feinden schlechter erkannt werden. Außerdem spielt die prächtige Färbung bei der Wahl des Partners und bei der Markierung des Reviers eine Rolle.

Korallenfische tarnen sich durch ihre bunten Farben.

Gibt es Pflanzen in der Tiefsee?

Die Bereiche der Meere unterhalb einer Tiefe von 800 Metern bezeichnet man als Tiefsee. Da in diese Tiefen kein Sonnenlicht mehr eindringen kann, ist es hier völlig dunkel. Hier können keine Pflanzen wachsen, da sie auf das Sonnenlicht angewiesen sind, um daraus Energie zu gewinnen.

Welche Tiere leben in der Tiefsee?

In den Tiefen der Ozeane gibt es seltsam aussehende Knochenfische (dazu zählen fast alle Fische, die du kennst), Knorpelfische (Haie, Rochen), Schwärme von Tintenfischen, Garnelen und Krabben, aber auch Quallen, Seesterne, Seegurken, Kieselschwämme und verschiedene Würmer.

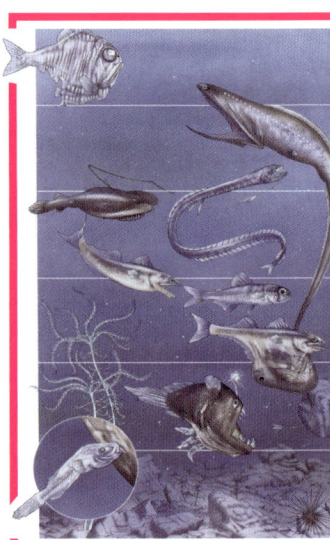

Tiere in der Tiefsee

Leben in der Tiefsee Tiere?

Noch vor gar nicht so langer Zeit nahmen Forscher an, dass es in den Tiefen der Ozeane keine Lebewesen gäbe. Heute weiß man es besser, denn ganz ohne Leben sind diese dunklen Gewässer doch nicht. Von den rund 140.000 bekannten Tierarten der Weltmeere leben mindestens 600 bis 700 in einer Tiefe von 6000 Metern. Selbst in den Tiefseegräben (bis zu 11.000 Meter tief) findet man mehr als 100 Arten.

Warum ist die Tiefsee nicht artenreich?

Die meisten Meerestiere ernähren sich von pflanzlichem Plankton (winzigen Algen). Doch davon wächst in dem gedämpften Licht ab einer Tiefe von 180 Metern und in der dunklen Tiefsee sowieso nur wenig. Aus diesem Grund leben in der Tiefsee nur wenige verschiedene Arten. Den Bereich zwischen 150 und 1000 Meter Tiefe bezeichnet man als Streulichtzone. Da es in dieser Tiefe kein pflanz-

Meeresbewohner

liches Plankton mehr gibt, fressen sich die Lebewesen entweder gegenseitig (sie sind alle Räuber) oder sie leben von toten Tieren und Algen, die aus höheren Wasserschichten heruntersinken.

Wie lang können Bandfische werden?

Bandfische leben in etwas über 1000 Meter Tiefe. Normalerweise werden sie bis zu 2,5 Meter lang. Im Jahr 1907 fand man jedoch an der Küste Kaliforniens (USA) ein Exemplar von sieben Metern Länge! Vermutlich wurde es an die Oberfläche gespült, nachdem es gestorben war.

Wie groß werden Riesenkalmare?

Riesenkalmare gehören zu den Tintenfischen, sind Tiefseebewohner und halten sich meist in 2000 Metern Tiefe auf. Sie haben acht ziemlich kurze und zwei sehr lange Fangarme. Riesenkalmare können insgesamt eine Länge von etwa 13 Metern erreichen und 300 bis 400 Kilogramm wiegen. Diese Tiere hat noch niemand lebend gesehen, denn man kennt sie nur von den Fängen der Fischer, denen sie manchmal ins Netz gehen. Deshalb ist von Riesenkalmaren bisher nur wenig bekannt.

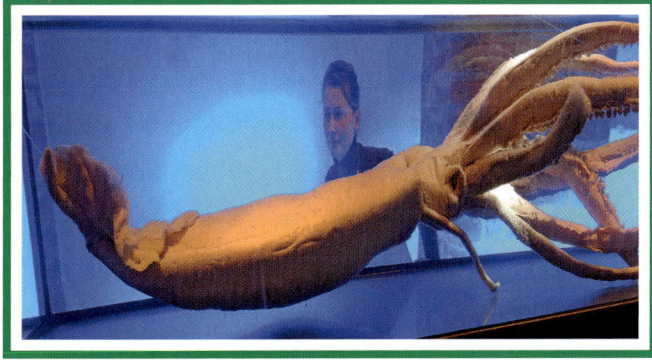

Ein präparierter Riesenkalmar

Wie halten die Tiere der Tiefsee den hohen Druck aus?

Die Tiefsee ist nicht nur dunkel, hier ist auch das Wasser sehr kalt und es herrscht ein gewaltiger Druck. In einer Tiefe von 10.000 Metern drückt eine Tonne (1000 Kilogramm!) auf einen Quadratzentimeter. Dieser Wasserdruck würde einen Menschen sofort zerquetschen. Für die Tiere der Tiefsee ist der hohe Druck jedoch nicht gefährlich. Denn ihr Körper enthält keine luftgefüllten Organe (wie Schwimmblase, Lungen) und ihr Blut keine roten Blutkörperchen. Ein besonderer chemischer Stoff ermöglicht es, dass der Körper unter hohem Druck funktioniert. In den Körpern der Tiefseelebewesen herrscht der gleiche Druck wie außerhalb ihrer Körper. Wie das Ganze genau funktioniert, wissen die Forscher jedoch noch nicht.

Warum haben manche Tiefseefische Leuchtorgane?

Wenn du in der finsteren Tiefsee umherschwimmen könntest, würdest du sehen, dass hier und da geisterhafte Lichter aufflackern. Es sind Leuchtorgane, die manche Tiefseetiere besitzen. In diesen Tiefen kann man keine Farben sehen, da das Sonnenlicht nicht so weit eindringen kann. Daher haben manche Lebewesen der Tiefsee Leuchtorgane entwickelt. Damit locken sie Beutetiere an und während der Fortpflanzungszeit können sich die Männchen und Weibchen mithilfe der Leuchtsignale leichter finden. Ohne Leuchtorgane würden sie vermutlich aneinander vorbeischwimmen!

Wie erzeugt der Laternenfisch Licht?

Laternenfische werden nur bis zu 15 Zentimeter lang. Ihren Namen verdanken sie den Leuchtorganen an ihrem Körper (an den Augen und an den Körperseiten), mit denen sie vor allem ihre Beute anlocken. Die Fähigkeit zu leuchten nennt man Biolumineszenz. Das Licht des Laternenfischs wird nicht von einem besonderen Organ, sondern von leuchtenden Bakterien erzeugt, die an den Körpern der Fische leben. Diese „Laternen" können stundenlang leuchten.

Wie fängt der Blattschupper seine Beute?

Der Blattschupper oder Fangzahnfisch ist ein Tiefseebewohner von schauderhaftem Aussehen. Er wird zwar nur 15 Zentimeter lang, hat aber ein riesiges Maul mit mehreren langen spitzen Zähnen. Zwei von ihnen im Unterkiefer haben sich zu besonders großen Reißzähnen entwickelt. Diese Zähne sind so lang, dass sich extra für sie hohle Taschen auf beiden Seiten des Gehirns befinden. Wenn der Fisch das Maul schließt, werden die Zähne dort untergebracht, denn sonst würden sie sein

Ein präparierter Blattschupper

Gehirn durchbohren. Der Blattschupper kann mit seinen schrecklichen Zähnen sogar Beutetiere (Fische und Kalmare) aufspießen, die so groß sind wie er selbst.

Wie fängt der Tiefsee-Anglerfisch seine Beute?

Wie die meisten Tiefseebewohner hat auch der Tiefsee-Angler eine raffinierte Methode entwickelt, um seine Beute zu fangen. Er geht einfach angeln! Oberhalb des Maules trägt der Fisch einen langen Fortsatz, der wie eine Angel aussieht und leuchtet. Er lauert auf Beutetiere, reißt sein Maul auf, sobald sich ein Opfer der leuchtenden Angel nähert, und saugt es in sein Maul. Guten Appetit!

Tiefsee-Anglerfisch

Woher hat der Eisfisch seinen Namen?

In den kältesten Bereichen der Meere wird das Wasser bis zu minus 1,9 Grad Celsius kalt, ehe es gefriert. Die meisten Fische würden solche Temperaturen nicht aushalten und erfrieren. Dem Eisfisch macht die Eiseskälte nichts aus. Er hat eine Art „Frostschutzmittel" in seinem Blut. Darum kann er auch in den kalten Tiefseegewässern überleben. Seinen Namen erhielt der Eisfisch wegen dieser besonderen Eigenschaft.

Meeresbewohner

Warum haben viele Tiefseefische so große Mäuler und Mägen?

Nahrung ist in der eisigen Tiefe des Meeres knapp. Darum müssen die Fische fressen, was ihnen vor das Maul schwimmt. Manchmal müssen sie Beutetiere verschlingen, die genauso groß sind wie sie selbst oder sogar größer. Deshalb haben die meisten Tiefseefische riesige Mäuler. Ihre Bäuche und Mägen sind oft gummiartig dehnbar, damit die Nahrung darin Platz hat. Stell dir vor, manchmal kann es einige Monate dauern, bis der Fisch (zum Beispiel der Schnappaal) seinen Mageninhalt verdaut hat!

Anglerfisch in der Luftblase

Die Larven des Anglerfisches sind 0,8 bis 1,6 Zentimeter groß und leben in einer Art Luftblase, die sie an die Oberfläche trägt, wo sie reichlich Nahrung finden. Sie ernähren sich nämlich von Plankton. Die Larven tragen an ihren Flossen lange fadenartige Gebilde und ähneln winzigen Quallen. Wenn sie ausgewachsen sind, verlassen sie ihre „Hülle" und bekommen ihre endgültige Gestalt. Sie ziehen in die Tiefsee hinab, wo sie zu Räubern werden und andere Fische fressen.

Was ist die Besonderheit am Teleskopfisch?

Viele Tiefseefische haben große Augen. Aber besonders groß und seltsam geformt sind die Augen der Teleskopfische. Es sind vorquellende röhrenförmige Augen, denen diese Fische ihren Namen verdanken. Mit ihnen können die Tiere selbst schwache Lichtpunkte wahrnehmen.

Welche Fische nennt man auch Geisterfische?

Seeratten (Langnasenschimären) sehen mit ihren lang gezogenen Mäulern und ihren seltsam geformten grauen Körpern und Flossen so gespenstisch aus, dass man sie manchmal auch Geisterfische nennt. Diese Fische haben sowohl die Merkmale von Knochenfischen (zum Beispiel die Kiemendeckel) als auch von Knorpelfischen (Haien).

Wie groß werden Tiefseefische?

Die meisten der so gefährlich aussehenden Fischarten, die in 6000 bis 9000 Meter Tiefe leben, sind klein und werden selten länger als 30 Zentimeter. Wären sie viel größer, würden sie in diesen Tiefen des Meeres nicht genug Nahrung finden, denn die Tiefsee ist ziemlich arm an Tierarten, die als Nahrung dienen könnten.

Seeratten heißen auch Geisterfische.

Wie fängt der Viper- fisch eigentlich seine Beute?

Der Viperfisch wird etwa 30 Zentimeter groß und besteht fast nur aus Kopf und Maul. Zum Fürchten sehen auch seine langen Fangzähne aus, die sogar bei geschlossenem Maul hervorragen. Der Viperfisch muss sich bei der Beutejagd kaum anstrengen. Er reißt sein Maul ganz weit auf und schwimmt so durch das Wasser. Kommt ihm ein Beutetier zwischen die scharfen Zähne, braucht er nur nach ihm zu packen und es zu verschlingen. Da er in so großer Tiefe wohnt, ist nur wenig über ihn bekannt.

Der Viperfisch hat sehr lange Fangzähne.

Was ist das Besondere am Tiefsee-Fühler- fisch?

Tiefsee-Fühlerfische leben nahe dem Tiefseeboden. Sie stützen sich auf ihre langen Flossen und können sich so auf dem Meeresboden niederlassen. Die verlängerten Strahlen der Flossen dienen dabei als Tastorgane. Mit ihnen suchen sie den schlammigen Boden nach Nahrung ab. Der Rattenschwanzfisch, ebenfalls ein Bewohner am Tiefseeboden, sucht seine Beute mit dicken, bartähnlichen Barteln.

Welche Tiere findet man auf dem Tiefsee- boden?

Auf und über dem Boden der Tiefseeebenen in über 3000 Metern Tiefe leben trotz der extrem harten Bedingungen — totale Finsternis, hoher Druck und weicher Schlamm — zahlreiche Tiere. Über dem Boden schweben Meeresschnecken und Rattenschwanzfische durch das eisige Wasser. Tiefsee-Fühlerfische und Seespinnen liegen auf dem schlammigen Tiefseeboden auf der Lauer. Es gibt auch festsitzende Tiere wie Seewalzen, Seeanemonen, Glasschwämme, Seelilien und Seefedern. Da sie sich nicht fortbewegen können, filtern sie ihre Nahrung aus dem vorbeiströmenden Wasser. Es gibt auch Seegurken, Krebse und Bohrwürmer, die den Schlamm fressen und so die darin enthaltenen Nährstoffe aufnehmen.

Wo leben Tiefsee- röhrenwürmer?

1977 entdeckten Forscher in etwa 3000 Metern Tiefe gewaltige „Schornsteine" — die „Schwarzen Raucher" oder „Black Smokers". Sie stellten fest, dass diese Schornsteine von Lebewesen umgeben sind, die weder Licht noch Sauerstoff zum Leben brauchen. Zu ihnen gehören vor allem die roten Röhrenwürmer. Sie ernähren sich von den Bakterien, die in diesen Gewässern vorkommen. Diesen Bakterien

Tiefseeröhrenwürmer ernähren sich von Bakterien.

Meeresbewohner

dient wiederum das stark schwefelhaltige Wasser der Schornsteine als Nahrung — eine Nahrungskette, die nicht auf Pflanzen, sondern auf chemischen Stoffen beruht!

Wann wurden Lebewesen in den tiefsten Ozeangräben entdeckt?

1995 tauchte das japanische Forschungsunterseeboot „Kaiko" fast 11.000 Meter tief in den Marianengraben hinunter. Das U-Boot brachte Bodenproben aus dem Tiefseegraben nach oben. Wissenschaftler untersuchten diese Proben und entdeckten, dass es an der tiefsten Stelle des Tiefseegrabens viele Bakterien gibt, aber auch Garnelen, Seegurken und Quallen.

Wo lebt der größte Flohkrebs der Erde?

Flohkrebse gehören zu den Krebstieren und sind mit den Garnelen verwandt. Die größte Art heißt Alicella gigantea und kann über 15 Zentimeter lang werden. Es soll sogar Exemplare geben, die eine Länge von 30 Zentimetern erreicht haben! Man hat diese „Riesen" in den tiefsten Ozeangräben entdeckt.

Leben Tiere auf dem Meeresgrund unter dem Eis?

Unter der Eisdecke der Polargebiete findet man ebenfalls zahlreiche Lebewesen. Hier leben viele Seeanemonen, Schwämme, Muscheln und See-

spinnen. Das Wasser ist in den Polargebieten zwar sehr kalt, aber es gibt dort reichlich Nahrung — so üppig, dass Seespinnen beispielsweise so groß werden wie eine menschliche Hand!

Gibt es Leben auf dem Meereis?

In den Polargebieten gibt es trotz der Eismassen viele Lebewesen. In der Arktis leben Säugetiere wie Eisbären, Walrosse, Seehunde und viele Wale. Eisbären zum Beispiel jagen auf Meereis in der Arktis nach Ringelrobben, denen sie an ihren Atemlöchern im Eis auflauern. In der Antarktis leben keine Landraubtiere, aber dafür Tausende von Pinguinen. Sie verbringen die meiste Zeit des Jahres auf dem vereisten Festland oder auf den Eisschollen im Meer.

Eisbären gehen auf dem Meereis auf die Jagd.

Welche Lebensbereiche finden sich an Meeresküsten?

Wir wissen, dass Meeresküsten unterschiedlich aussehen. Es gibt flache Küsten mit Sand- und Kiesstränden, steile Stein- und Felsenküsten und sumpfige Küsten. Weil an diesen Küsten auch unterschiedliche Bedingungen herrschen, bietet jede Küstenform verschiedenen Lebewesen einen Lebensraum.

Welche Lebewesen leben vor allem an Stein- und Felsenküsten?

An felsigen Küsten sind die Lebensbedingungen ziemlich hart. Die Tiere und Pflanzen haben mit der Brandung zu kämpfen und sind der Sonnenhitze ebenso ausgesetzt wie frostiger Kälte und salzigen Winden. Dennoch halten sich in diesem Küstenbereich Unmengen von Lebewesen auf: Seetang, Muscheln, Seeanemonen, Seepocken und verschiedene Meeresschnecken, die sich am steinigen Untergrund festhalten. In Felstümpeln leben Seesterne, Garnelen, Krebse und kleine Fische. Die am häufigsten dort vorkommenden Pflanzen sind Algen.

An Felsenküsten leben zum Beispiel Seeanemonen, Seepocken und Muscheln.

Wovon ernähren sich Tiere der Felsenküsten?

Muscheln, Schwämme, Seepocken und Seeanemonen ernähren sich beispielsweise von Nahrungsteilchen im Wasser, die mit der Flut angeschwemmt werden. Napfschnecken weiden auf Steinen wachsende Algen ab, während Wellhornschnecken Löcher in die Schalen von Muscheln bohren und deren Fleisch fressen.

Welche Vögel trifft man an Klippen?

Einige Vögel wie der Papageitaucher, die Lach- und die Silbermöwe leben in der Nähe der Felsenküsten. Andere kommen nur zum Nisten dorthin zum Beispiel folgende Hochseevögel: die Sturmschwalbe, der Eissturmvogel oder die Dreizehenmöwe. Da die Steilküsten oft unzugänglich sind, ziehen sie hier ungestört in lärmenden Kolonien ihre Jungen auf.

Papageitaucher

Welche Tiere kommen an Sand- und Kiesstränden vor?

Nur wenige Tiere können an Küsten mit Sand- und Kiesstränden leben. Der Kies wird ständig von den Wellen umgeschichtet, der Sand trocknet in der Sonne aus, wird durch Winde verlagert und bietet Tieren kaum Schutz. Nur wirbellosen Tieren (Tiere ohne Innenskelett) gelang es, sich an diese Lebensbedingungen anzupassen. Daher leben hier Millionen von Muscheln, Schnecken, Würmern, Krebsen, Krabben, Seeigeln und Seesternen.

Meeresbewohner

Wie vestecken sich Sandwürmer?

Es ist schwierig, beim Spaziergang am Strand Tiere zu beobachten. Wenn du aufmerksam bist, siehst du winzige Luftlöcher, Gruben und Höcker im Sand, die Hinweise auf Tiere direkt darunter geben. Ein Sand- oder Wattwurm beispielsweise lebt in einem u-förmigen Trichter, der bis zu 40 Zentimeter tief in den Boden gegraben ist. Er frisst den Sand, verdaut die Nahrungsteilchen und scheidet den Rest an der Oberfläche aus. Bei Ebbe sieht man Kothäufchen, die sein Versteck verraten.

Was ist an Ährenfischen besonders?

Diese schlanken silbrigen Fische leben an den Küsten wärmerer Meere. Zwischen März und September legen die Weibchen ihre Eier an den Stränden ab. Sie warten, bis es Nacht wird und eine sehr hohe Flutwelle sie an die sandige Küste spült. Die winzigen Eier haben kleine Fortsätze, mit den sie sich an den Trieben von Wasserpflanzen festhalten, bis die kleinen Fische geschlüpft sind.

Wie lebt der Sand-krebs?

Der Sandkrebs wird nur bis zu 4,5 Zentimeter lang. Er gräbt komplizierte Gänge und Kammern, die bis zu 50 Zentimeter tief in den Meeresboden reichen. Wenn sich der Sandkrebs eingräbt, holt er sich Wasser durch seine langen Antennen. Wenn der Sauerstoff, der im Wasser enthalten ist, fast verbraucht ist, tauscht er das Wasser — ebenfalls mithilfe seiner Antennen — aus.

Wie schützen sich Sandbewohner?

An Sandstränden gibt es kaum Steine, unter denen Tiere Halt oder Schutz finden. Doch die zahlreichen Bewohner der Sandküsten bringen sich in Sicherheit, indem sie sich in den Sand eingraben. Aber selbst das Eingraben bietet den Sandbewohnern nicht immer Schutz. Bei Hochwasser kommen Fische an die Küste und schnappen sich alle, die nicht achtgeben. Bei Niedrigwasser fallen sie Watvögeln zum Opfer, die mit ihren langen Schnäbeln nach Nahrung stochern.

Ein hungriger Watvogel sucht nach Sandbewohnern.

Wie sieht die Scheiden-muschel aus?

Die Scheidenmuschel lebt in Sand- und Schlickböden. Ihren Namen verdankt sie ihrem zweischaligen Gehäuse, das wie die Scheide eines Messers geformt ist. Die Tiere in der Nordsee werden bis zu 17 Zentimeter, die in Nordamerika etwa bis zu 25 Zentimeter lang. Die Muscheln leben in tiefen Röhren im Sand und stehen senkrecht mit dem Hinterende nach oben. An diesem Ende befinden sich zwei kurze Rohre, die man Ein- und Ausströmrohre nennt. Bei Flut werden sie aus dem Sand gestreckt, um Plankton aus dem Wasser zu filtern.

Wie können Pflanzen auf Dünen wachsen?

Dünen sind ein unwirtlicher Lebensraum, der ständig in Bewegung ist. Pflanzen, die hier leben, müssen Trockenheit, Wind, Salz und Gischt aushalten. Auf Dünen wachsen Gräser wie der Strandhafer mit langen Wurzeln, die Sandwehen gut vertragen. Sie bilden Wurzelausläufer, die den Sandboden befestigen. Dadurch können sich andere Pflanzen auf Dünen ansiedeln, zum Beispiel die Stranddistel, die Dünenquecke oder der Meersenf.

Auf Dünen wachsen Gräser.

Welche Tiere leben in den Dünen?

In den Dünen findet man eine Reihe von Tieren. Sie haben sich an diese heiße und trockene Umgebung angepasst. Wind und Gischt können ihnen nichts anhaben. Um der Hitze zu entkommen, werden viele erst in der Nacht aktiv. In den Dünen leben Kreuzkröten, Pillendreher (eine Käferart), Igel und Mauereidechsen. Aber auch Wildkaninchen, Rotfüchse und viele andere Tiere kommen vor.

Was sind Queller?

Der Queller (Salicornia europaea) ist eine Salzpflanze mit fleischig verdickten Stängeln, die Ähnlichkeit mit manchen Kakteen hat. Er besiedelt die Wattböden der Meeresküsten meist als erste Pflanze (Pionierpflanze). Man nennt den Queller auch „Meeresgurke", weil man ihn essen kann. Am besten schmeckt die Pflanze, wenn man sie wie Gurken einlegt. Ganz junge Pflanzen sind so zart, dass sie auch roh als Salat gegessen werden.

Leben auch Tiere auf den Salzwiesen?

Man erkennt es nicht auf den ersten Blick, aber Salzwiesen bieten vielen Tieren einen Lebensraum. Der tiefste, regelmäßig vom Meer überschwemmte Teil ist besonders reich an Plankton. Hier finden sich viele Würmer (Seeringelwürmer), Muscheln (Große Pfeffermuschel), Krebstiere (Krabben, Garnelen) und Fische (Meeräsche, Grundel). Auf den höher gelegenen Salzwiesen leben auch Insekten und Spinnen. Darüber hinaus sind Salzwiesen die Heimat vieler Watvögel. Mit ihrem langen Schnabel stochern sie im Schlick nach Nahrung.

Wie überleben Pflanzen auf Salzwiesen?

Salzwiesen sind salzreiche Standorte. Pflanzen, die hier wachsen, nennt man Salzpflanzen. Anders als alle anderen Gewächse haben sie keine Probleme mit Salz. Manche brauchen sogar einen Salzboden, um überhaupt zu gedeihen (zum Beispiel die Strandaster und der Strandwegerich). Alle Salzpflanzen haben sich an ihre salzreiche Umgebung angepasst. Um auf den Salzwiesen zu überleben, schei-

Meeresbewohner

Salzpflanzen

den die meisten von ihnen das Salz, das sie aus dem Boden aufnehmen, durch besondere Drüsen auf ihren Blättern aus. Andere speichern das Salz in ihren Blättern und Stängeln, die sie dann abwerfen, wenn die Wachstumszeit vorüber ist.

Was ist eine Seemaus?

Die Seemaus ist ein bis zu 20 Zentimeter langer, flacher Borstenwurm. Er vergräbt sich im Schlick der Nordsee. Der dicke, pelzige Wurm hat in vielen Farben schillernde Borstenhaare, die verhindern, dass Schlamm das Atmungssystem des Tieres verstopft. Die Seemaus ernährt sich hauptsächlich von toten Tieren.

Was sind Watvögel?

Zu den Watvögeln gehören mehrere Vogelfamilien, die einige gemeinsame Merkmale haben. Sie sind hochbeinig und haben lange Schnäbel. Außerdem waten sie in flachen Süß- und Salzgewässern oder leben in Sümpfen oder feuchten Landschaften. Zu den Watvögeln zählen zum Beispiel Austernfischer, Regenpfeifer, Schnepfen und Reiherläufer.

Wie verbreiten sich Mangroven- bäume?

Mangrovenbäume vermehren sich auf seltsame Weise: Die Früchte sind „lebend gebärend", das heißt die Samen keimen auf dem Baum, also auf der Mutterpflanze aus. Sie wachsen dort zu etwa 30 Zentimeter großen Keimlingen mit einer kolben- förmigen Wurzel heran. Die Keimlinge fallen schließlich ab und bohren sich in den Schlamm, wo sie sich verwurzeln und weiter wachsen.

Keimlinge eines Mangrovenbaums

Was ist ein Krabbenesser?

Du wirst es nicht glauben, aber Krabbenesser ist ein anderer Name für die Langschwanzmakaken. Diese Affen leben in den Mangrovensümpfen Süd- ostasiens. Sie sind zwar Allesfresser (Früchte, Blät- ter, Insekten), verspeisen aber für ihr Leben gern Krebstiere (besonders Krabben) und Muscheln. Dazu klettern sie von den Bäumen herab und holen sich die Leckerbissen aus dem Wasser. Deshalb nennt man sie auch Krabbenesser.

Warum sind Schlammspringer so ungewöhnlich?

Schlammspringer sind die einzigen Fische, die an Land und im Wasser gleichermaßen zu Hause sind. Das Besondere an ihnen ist, dass sie an Land atmen können, indem sie ihre Kiemenspalten bei Ebbe verschließen. Außerdem können sie mithilfe ihrer verdickten Brustflossen über den schlammigen Boden kriechen und sogar auf Bäume klettern. Schlammspringer leben in den Mangrovensümpfen, das heißt zwischen den Wurzeln der Mangrovenbäume, im Schlick des Bodens. Dort suchen sie nach kleinen Krebsen und Würmern.

Schlammspringer können auch an Land atmen.

Woher hat die Winkerkrabbe ihren Namen?

Winkerkrabben bewohnen die Strände und Sümpfe in den tropischen Mangrovenwäldern. Sie leben in Bauten, die sie tief in den Sand oder Schlamm graben. Die männlichen Tiere haben unterschiedlich große Scheren. Sie benutzen die vergrö-

ßerte Schere, um ein Weibchen anzulocken oder einem Rivalen zu drohen. Weil sie dabei so aussehen, als würden sie winken, werden sie Winkerkrabben genannt. Wenn ein Männchen im Kampf seine große Schere verliert, bildet sich wieder eine neue und die andere, kleine Schere wird größer.

Wie gelangen Tiere und Pflanzen auf Inseln?

Auf den meisten Inseln gibt es viele Tiere und Pflanzen. Sicher hast du dich schon einmal gefragt, wie sie dorthin gekommen sind. Lebewesen gelangen auf die verschiedenste Weise auf Inseln. Manche lebten auf einem Stück Land, das vor sehr langer Zeit vom Festland abgetrennt und damit zur Insel wurde. Kleine Tiere wie Fledermäuse, Vögel und Insekten können von stürmischen Winden auf ferne Inseln geweht werden. Vögel bringen manchmal Pflanzensamen mit, die sie gefressen haben und auf der Insel ausscheiden. Diese keimen dann auf der Insel aus und wachsen zu Pflanzen. Früchte können mit Meeresströmungen ans Ufer treiben. Schwimmende Pflanzen werden von Flüssen ins Meer geschwemmt und später mit der Flut auf eine Insel gespült. Dabei kommt es vor, dass manchmal Insekten, Schnecken, Reptilien und sogar kleine Säugetiere auf ihnen mitreisen.

Tiere und Früchte von Pflanzen werden oft auf Inseln gespült.

Meeresbewohner

Ein ehemaliger Inselbewohner

Der Dodo oder die Dronte war ein flugunfähiger Vogel, der ausschließlich auf den Inseln Mauritius und Réunion im Indischen Ozean vorkam. Der etwa truthahngroße Vogel wurde zum ersten Mal 1598 von holländischen Forschern beschrieben. Da die Vögel auf den Inseln keine Feinde hatten, waren sie sehr zahlreich vertreten. Dennoch wurde 1681 der letzte Dodo gesichtet. Er starb wahrscheinlich aus, weil er von den Haustieren und Ratten, die europäische Siedler mitgebracht hatten, gejagt wurde. Auch von den Menschen wurden die Vögel verfolgt.

Rekonstruktion eines Dodos

Warum entwickeln sich Tiere auf Inseln anders?

Der Grund dafür ist, dass sie sich ihrem neuen Lebensraum anpassen, um dort zu überleben. Bei vielen Fliegen, Schmetterlingen und Vögeln werden zum Beispiel die Flügel kleiner. Sie können nicht mehr so gut fliegen und werden schließlich flugunfähig. So können sie von den Inseln nicht aufs Meer hinaus geweht werden, wo sie ertrinken würden. Aus manchen großen Tieren entwickeln sich kleinere Formen. Diese können sich leichter ernähren, da das Nahrungsangebot auf Inseln immer knapper ist als auf dem Festland. Umgekehrt können kleine Tiere auf einsamen Inseln, wo sie keine natürlichen Feinde haben, besonders groß werden. Auf den Inseln im Mittelmeer beispielsweise lebten früher Ratten, die so groß wie Hunde waren.

Was sind Endemiten?

In der Biologie sind Endemiten Tiere und Pflanzen, die nur in einer bestimmten geografischen Umgebung vorkommen. Dieses Gebiet kann eine Insel, ein Gebirge, ein Tal oder ein Gewässer sein. Zum Beispiel kommt das Alpenmurmeltier nur in den Alpen und Karpaten vor oder die Dolomiten-Glockenblume nur in den Dolomiten. Ein sehr bekanntes Beispiel sind auch die Darwinfinken, die man nur auf den Galapagosinseln findet.

Welche Tiere leben auf den Galapagosinseln?

Die Galapagosinseln liegen im Pazifischen Ozean vor der Westküste Ecuadors und gehören auch zu diesem Staat. Die Inselgruppe ist berühmt für ihre einzigartige Tierwelt. Da viele der Arten nur auf diesen Inseln endemisch vorkommen, wurden sie nach ihnen benannt. Sicher hast du schon einmal von den Galapagos-Riesenschildkröten und Meerechsen gehört. Auf der Inselgruppe leben auch die Drusenköpfe oder Galapagos-Landleguane. Es gibt auch viele Vogelarten wie die Darwinfinken oder die Holzbiene als einzige Bienenart auf den Inseln.

Welche Echse ernährt sich ausschließlich im Meer?

Die Meerechsen, die nur auf den Galapagosinseln vorkommen, sind die einzigen Echsen der Erde, die sich ausschließlich im Meer ernähren. Sie fressen nur Meeresalgen und Tang, nach denen sie vor den Küstenfelsen tauchen. Die Tiere nehmen mit der Nahrung überschüssiges Salz auf, das sie bei ihrem Sonnenbad über die Nasenöffnungen ausscheiden. Sie besitzen nämlich besondere Drüsen in den Nasenlöchern. Meerechsen werden 100 bis 150 Zentimeter groß und sind schwarz, grau oder braun gefärbt. Auf dem Rücken tragen sie einen Kamm.

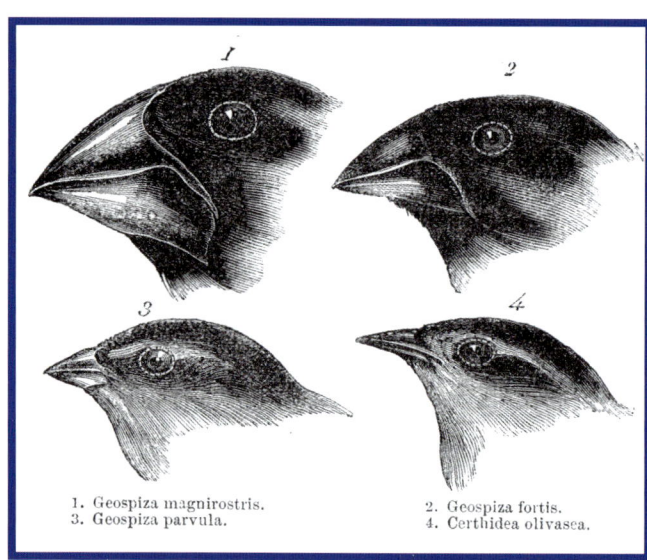

1. Geospiza magnirostris.
3. Geospiza parvula.
2. Geospiza fortis.
4. Certhidea olivasca.

Darwinfinken haben unterschiedliche Schnabelformen.

Was ist das Besondere an Darwinfinken?

Darwin- oder Galapagosfinken kommen ausschließlich auf den Galapagosinseln vor. Alle 13 Arten auf den Inseln stammen von einer einzigen Art ab, die

Die Evolutionstheorie von Charles Darwin

Als Evolution bezeichnet man in der Natur die langsame Veränderung von Lebewesen. Manche Arten starben im Laufe der Erdgeschichte aus, manche entwickelten sich aus Vorläufern weiter. Der berühmte englische Naturforscher Charles Darwin (1809—1882) konnte anhand seiner Evolutionstheorie diese Wandlung erklären: Die Individuen einer Art unterscheiden sich immer geringfügig voneinander und diese Unterschiede werden an die nächsten Generationen weitergegeben. Darwin wusste, dass alle Lebewesen um Nahrung und Lebensraum konkurrieren müssen. So erkannte er, dass die Individuen mit den besten Eigenschaften den anderen gegenüber im Vorteil waren. Deshalb setzten sich diejenigen Individuen durch, die sich der Umwelt am besten anpassen konnten. Diesen Vorgang nennt man Selektion (Auslese durch bessere Anpassung).

sich vor etwa zehn Millionen Jahren dort ansiedelte. Die Vögel passten sich im Laufe der Zeit den Nahrungsquellen ihres Lebensraumes an und entwickelten verschiedene Schnabelformen. Die heutigen Arten haben Schnabelformen, die für ihre jeweilige Ernährungsweise geeignet sind. Manche Darwinfinken fressen Samen, andere Insekten oder Früchte. So reicht das begrenzte Nahrungsangebot für alle. Als der britische Naturforscher Charles Darwin 1835 auf die Galapagosinseln kam, entdeckte er unter anderem diese Vögel, die ihm die entscheidende Anregung für seine Evolutionstheorie gaben.

Meeresbewohner

Warum können Seevögel Salzwasser trinken?

Manche Seevögel können Meerwasser trinken, weil sie auf ihrem Schnabel zwei Röhren haben, durch die sie das überschüssige Salz vor dem Herunterschlucken ausscheiden. Alle Seevögel, die diese Fähigkeit besitzen, werden als Röhrennasen bezeichnet. Albatrosse, Sturmschwalben und Sturmtaucher gehören zum Beispiel zu diesen Vögeln.

Albatrosse können durch ihren Schnabel Salz ausscheiden.

Welcher Seevogel kann am tiefsten und längsten tauchen?

Pinguine sind flugunfähig, dafür können sie aber hervorragend tauchen. Der Rekordhalter unter ihnen ist der Kaiserpinguin (Aptenodytes forsteri), der mit bis zu 1,2 Metern Größe der größte Pinguin der Welt ist. Er sucht seine Nahrung (hauptsächlich Tintenfische und Fische) in einer Tiefe von etwa 265 Metern und kann dabei bis zu 18 Minuten unter Wasser bleiben.

Was sind See- oder Meeresvögel?

Alle Vogelarten, die auf dem Meer oder entlang der Küsten leben und sich vom Meer ernähren, nennt man See- oder Meeresvögel. Meeresvögel gibt es überall auf der Welt an allen Meeren. Dort leben sie unter den unterschiedlichsten Bedingungen. Die langbeinigen Watvögel wie die Austernfischer leben an Stränden flacher Meere. Pelikane, Fregattvögel, Tölpel und Alke streifen durch flache Küstengewässer und Albatrosse, Sturmvögel und Sturmtaucher wagen sich weit auf die Hochsee hinaus. Viele Seevögel haben speziell geformte Flügel und sind hervorragende Flieger. Andere wie die Pinguine können gar nicht fliegen, weil ihre Flügel zu Flossen geworden sind. Dafür sind sie ausgezeichnete Schwimmer und Taucher. Eines aber haben alle Seevögel gemeinsam: Sie gehen an Land, um ihre Eier auszubrüten.

Wie schützen sich Pinguine vor Kälte?

Pinguine kommen vor allem in der Antarktis (am Südpol) vor, wo es eisig kalt ist. Die Pinguine aber lieben die frostige Kälte und halten sie wunderbar aus. Sie haben nämlich das dichteste Federkleid unter den Vögeln — auf einem Quadratzentimeter befinden sich elf bis zwölf Federn. Wenn sich die Vögel an Land befinden, stehen die Federn aufrecht, damit sich in ihnen Luft ansammeln kann und das Federkleid isolierend wirkt. Im Wasser liegen sie eng an und bilden einen wasserdichten Schutz gegen die Kälte.

Pinguine haben das dichteste Federkleid.

Welcher Seevogel hat die größte Flügel- spannweite?

Diesen Weltrekord hält eindeutig der Wanderalbatros (Diomedea exulans) mit einer Flügelspannweite von etwa 3,6 Metern. Dieser Seevogel wird bis zu 1,3 Meter lang und zählt zu den größten Vögeln überhaupt. Mit ihren ausgestreckten Flügeln gleiten die Albatrosse durch die Lüfte und können am Tag über 800 Kilometer zurücklegen. Sie sind zwar ausgezeichnete Flieger, haben aber Schwierigkeiten mit Start und Landung.

Wie fangen die Seevögel ihre Nahrung?

Die meisten Seevögel tauchen oder schwimmen, wenn sie auf Nahrungssuche sind. Seeschwalben beispielsweise halten aus der Luft nach Fischen Ausschau und stürzen sich kopfüber ins Wasser, sobald sie etwas entdeckt haben. Der Pelikan fängt Fische,

Viele Seevögel stürzen sich auf ihrer Nahrungssuche kopfüber ins Wasser.

indem er stoßartig ins Wasser taucht. Sturmschwalben gleiten über das Wasser, wenn sie Nahrung von der Meeresoberfläche aufnehmen. Pinguine wiederum tauchen unter das Eis, um Fische zu fangen. Kleine Watvögel drehen sich hingegen im Wasser schnell um die eigene Achse, um dadurch Plankton aufzuwirbeln, das sie mit ihren Schnäbeln aufnehmen. Ihre großen Verwandten stochern mit ihren langen Schnäbeln im Schlick nach Würmern, Muscheln und anderen kleinen Tieren.

Wie fängt der Fregattvogel Fische?

Fregattvögel sind bei ihrer Nahrungsbeschaffung besonders raffiniert. Sie verfolgen andere Vögel, die schon Fische für ihre Jungen gefangen haben. Sie kneifen ihnen in die Schwanzfedern, damit sie ihre Beute fallen lassen. Dann schnappen sich die Fregattvögel die Mahlzeit und fliegen davon — richtige Luftpiraten!

Warum haben Seevögel unterschiedliche Schna- belformen?

Wenn du die Schnäbel der Meeresvögel genau betrachtest, kannst du erkennen, was sie am liebsten fressen. Jede Art hat nämlich den für ihre Nahrungssuche geeigneten Schnabel. Manche Watvögel besitzen einen langen starken Schnabel (Stelzenläufer), mit dem sie den Sand und den Schlamm nach Nahrung (Schnecken, Muscheln, kleine Krebstiere) durchsuchen. Vögel mit kurzem, kräftigem Schnabel ernähren sich überwiegend von Fischen, die sie entweder an der Oberfläche (Möwe) oder unter Wasser (Kormoran) fangen.

Meeresbewohner

Einen ganz besonderen Schnabel haben Pelikane. Sobald sie ins Wasser tauchen, öffnen sie ihren Schnabel und fangen so viele Fische wie möglich ein. Mit geschlossenem Schnabel schwimmen sie an die Oberfläche. Pelikane benutzen ihren Schnabel also als Kescher.

Pelikane benutzen ihren Schnabel als Kescher.

Welche Seevögel legen die längste Zugstrecke zurück?

Den Weltrekord unter den Zugvögeln hält die Küstenseeschwalbe (Sterna paradisaea). Auf ihren Wegen von den arktischen Brutplätzen zu den antarktischen Überwinterungsgebieten legen diese Seevögel 35.000 bis 40.000 Kilometer zurück — das ist fast einmal um die Erde! Dieser bis zu 38 Zentimeter große Vogel kann Geschwindigkeiten von bis zu 30 Kilometer pro Stunde erreichen.

Wann entstanden die ersten Lebewesen?

Das Leben auf der Erde begann vor etwa 3,5 Milliarden Jahren. Den Beweis dafür lieferten einzellige bakterienähnliche Lebewesen in Gesteinen aus dieser Zeit. In flachen Tümpeln entwickelten sich dann die ersten einfachen Pflanzen, die Fotosynthese betrieben. Sie stellten mithilfe von Sonnenlicht aus Wasser und Kohlendioxid Zucker und Stärke her. Dabei entstand Sauerstoff. Erst später (wahrscheinlich vor etwa 700 Millionen Jahren) ent-

wickelten sich die ersten mehrzelligen Lebewesen. Das waren wirbellose Tiere (verschiedene Wurmarten, seesternähnliche Tiere und Quallen), die im Meer lebten. Vor etwa 400 Millionen Jahren entwickelten sich Amphibien, die sowohl im Wasser als auch an Land leben konnten. Ab dann eroberten die Tiere auch das Land.

Begann das Leben im Wasser?

Die Erde entstand vor etwa 4,5 Milliarden Jahren. Am Anfang war sie ein rot glühender Feuerball. Es gab unzählige Vulkane, die glühende Lava, viel Dampf und verschiedene Gase ausspien. Während sich die Erde allmählich abkühlte, stieg heißer Wasserdampf auf und bildete eine Wolkenschicht. Als sich die Erde weiter abkühlte, begann es zu regnen. Es regnete Jahrtausende lang ununterbrochen und das Weltmeer entstand. Der Sauerstoff war aber nicht frei in der Atmosphäre vorhanden, sondern nur an das Wasser gebunden. Deshalb konnte sich damals noch kein Leben an Land entwickeln. So nehmen die Wissenschaftler an, dass sich das Leben zuerst im Meer entwickelte. Bewiesen ist diese Theorie allerdings noch nicht.

Vor Milliarden von Jahren war die Erde von heißem Wasserdampf bedeckt.

Geheimnisse und Mythen

Die Menschen wussten lange Zeit gar nichts oder nur wenig über das Meer. So entstanden in der Fantasie der Menschen viele Märchen und Mythen, die wahrscheinlich auf Begegnungen mit unbekannten und seltsamen Meerestieren zurückzuführen sind. Es gibt auch viele Geschichten und Legenden über versunkene Städte, verschollene Flugzeuge und Geisterschiffe.

Sagenumwobene Meereswesen

Geheimnisvolle Geschichten über fantastische Meereswesen sind vermutlich auf Erzählungen von Seeleuten zurückzuführen. Sie schmückten ihre Erlebnisse derart aus, dass daraus viele Märchen und Mythen entstanden. Die Meerjungfrau ist wohl eines der bekanntesten Fabelwesen überhaupt und kommt in den Märchen fast aller Kulturen vor. Ihr Körper ist von der Hüfte abwärts ein mit Schuppen be-

Seefahrer brachten geheimnisvolle Geschichten von ihren Reisen mit.

deckter Fischschwanz, der Oberkörper der einer jungen Frau. In vielen Geschichten lockten die Meerjungfrauen mit ihrer Schönheit und ihrem Gesang Seeleute in den Tod. Diese weiblichen Fabelwesen lassen sich vielleicht damit erklären, dass vor allem Seekühe von den Seeleuten für Meerjungfrauen gehalten wurden. In der norwegischen Mythologie kommen Riesenkraken vor, die so groß waren, dass sie Schiffe angriffen und in die Tiefe zogen oder mit ihren Tentakeln Seeleute vom Deck holten. Diese Geschichten gehen vermutlich auf die Riesenkalmare zurück, die sogar Pottwale angreifen. Auch die Seeschlange kommt in vielen alten Seemannsgeschichten auf der ganzen Welt vor. In den Sagen der Wikinger wurden sogar Stürme durch die Windungen einer Seeschlange verursacht. Als Seeschlange bezeichnet man Meerestiere mit schlangenförmigem Körper von ungeheurer Länge, die nur in der Fantasie existieren. Der Anlass für die Sagenbildung könnten ein Bandfisch, im Meer treibender Riesentang oder in Reihe schwimmende Delfine gewesen sein.

Unerklärliche Rätsel

Neben den geheimnisvollen Meereswesen gibt es noch weitere Rätsel, die sich nicht immer wissenschaftlich oder durch Vernunft erklären lassen. Ein berühmtes Beispiel ist Atlantis, eine Insel, die erstmals in der Antike von dem griechischen Philosophen Platon erwähnt wurde. Nach Platon hat es auf der Insel eine reiche und mächtige Kultur gegeben, die von den Göttern zerstört wurde, um die Bürger von Atlantis nach

Meerjungfrauen zählen zu den bekanntesten Fabelwesen.

einer Niederlage in einem Krieg zu bestrafen. Sie ließen die Insel im Meer versinken. Obwohl es keine Belege für diese Sage gibt, suchen viele Menschen noch heute nach dieser Insel. Bisher jedoch ohne

Erfolg und so bleibt auch dieses Rätsel vorerst ungelöst. Unerklärlich sind auch die Ereignisse im sogenannten Bermudadreieck zwischen den Bermudainseln, Puerto Rico und Florida im Atlantischen Ozean. Hier verschwanden schon mehrere Schiffe und Flugzeuge spurlos. Manche glauben an geheimnisvolle Kräfte, die dafür verantwortlich sind. Nach wissenschaftlichen Erklärungsversuchen sollen starke Meeresströmungen und die große Wassertiefe in dieser Region die Ursache für die Ereignisse sein. Auch Theorien über starke Magnetfelder oder Methangase, die vom Meeresboden aufsteigen und in der Luft zu Explosionen in den Maschinen führen, versuchen das geheimnisvolle Verschwinden von Schiffen und Flugzeugen zu erklären. Wahrscheinlich spielt die Fantasie der Menschen dabei eine große Rolle, denn viele dieser Ereignisse fanden nicht direkt in diesem Bereich statt. Einmal verschwand auch nur die Mannschaft spurlos und das Schiff war noch da — die „Mary Celeste" im Jahr 1872. Man fand das Schiff auf dem Atlantik treibend mit der Ladung und der gesamten Ausrüstung, nur die Seeleute waren weg. Dieses Rätsel wurde nie gelöst.

Der fliegende Holländer

Eine besonders berühmte Legende des Meeres ist jene über den „Fliegenden Holländer", laut der ein Kapitän durch einen Fluch dazu verdammt ist, auf ewig die Meere zu durchkreuzen. Diese Geschichte entstand im 17. Jahrhundert und geht wohl auf im Meer treibende Wracks zurück. Das Geisterschiff wurde angeblich mehrmals im Laufe der Jahrhunderte beobachtet. Man nimmt jedoch an, dass es sich wahrscheinlich um weit entfernte Schiffe handelte, die durch Sinnestäuschung näher erschienen — Beobachtungen also, die auf Trugbildern beruhen.

Das geheimnisvolle Bermudadreieck

Wie kann man das Alter der Urlebewesen feststellen?

Viele Klippen und manche Küsten bestehen aus Kalkstein, einer Ablagerung aus Sedimenten (winzigen Teilchen). Vor Millionen von Jahren wurden tote Tiere und Pflanzen darin eingeschlossen und konserviert. Dadurch wissen wir, dass manche Lebewesen überhaupt existiert haben. Man nennt sie Versteinerungen oder Fossilien. Abhängig davon, in welchen Schichten der Ablagerungen man diese Fossilien gefunden hat, können Wissenschaftler deren Alter bestimmen.

Ein versteinerter Fisch

Welche Lebensformen gibt es im Meer?

Im Meer leben viel weniger Tier- und Pflanzenarten als auf dem Festland. Trotzdem findet man hier sehr unterschiedlich aussehende Lebewesen. Die winzigsten sind die mikroskopisch kleinen Bakterien. Das Plankton dient vielen anderen Meeresbewohnern als Nahrung. Das Meer ist auch von vielen wirbellosen Tieren wie Muscheln, Krebsen, Seesternen, Würmern und Quallen bevölkert. Natürlich gibt es sehr viele Fische (in allen Meeren zusammen leben etwa zehn Milliarden Fische!), aber auch Säugetiere, unter denen die Blauwale die größten Tiere der Erde sind. An Pflanzenarten ist das Meer eher arm. Die winzigsten Algen sind nur mithilfe eines Mikroskops zu sehen, der Riesentang — die größte Meerespflanze — kann mehrere Meter lang werden.

Warum sind Lebewesen des Meeres einfacher gebaut?

Das liegt daran, dass die Lebensbedingungen im Meer gleichförmiger und beständiger sind als die auf dem Festland. An Land herrschen extrem gegensätzliche Umweltbedingungen: die Hitze der Tropen, die Kälte der Arktis, trockene, heiße Wüsten, weite Sumpfgebiete und dicht bewachsene Regenwälder — aber auch starke tägliche und jahreszeitliche Temperaturschwankungen. Die Meeresbewohner mussten sich an solche Umweltbedingungen nicht anpassen. Deshalb unterscheiden sie sich auch weniger voneinander.

Was versteht man unter Meeresleuchten?

Im Meer gibt es viele Lebewesen, die fähig sind, Licht zu erzeugen. Manche dieser Leuchtorganismen bewirken, dass nachts das Meerwasser zu leuchten scheint. Weißes Licht bringen beispielsweise Leuchtquallen hervor, gelbgrünes Licht erzeugen Leuchtkrebse, blaugrünes Leuchttierchen (Panzergeißelalgen). Auch manche Bakterien besitzen diese Fähigkeit und leuchten blau bis grün. In Wirklichkeit leuchtet also nicht das Meerwasser, sondern die Lebewesen, die ständig Lichtsignale senden.

Meeresbewohner

Wovon ernährt sich das Zooplankton?

Das tierische Plankton nennt man Zooplankton. Dazu gehören alle im Wasser treibenden tierischen Lebewesen wie viele Einzeller, winzige Krebse, Quallen und Würmer. Das Zooplankton ernährt sich vor allem vom pflanzlichen Plankton, ein Teil aber auch von anderen Organismen des Zooplanktons.

Was ist Phytoplankton?

Als Phytoplankton bezeichnet man das pflanzliche Plankton, das heißt winzige Algen (zum Beispiel Blaualgen, Grünalgen, Kieselalgen), die man nur unter dem Mikroskop sehen kann. Die Energie zum Leben gewinnen diese Algen aus dem Sonnenlicht.

Zooplankton unter dem Mikroskop

Welche Pflanzen leben im Meer?

Im Meer kommen Pflanzen nur dort vor, wo das Sonnenlicht noch hingelangt. Hier leben hauptsächlich Algen und Seegräser. Algen können sehr winzig sein und im Wasser als pflanzliches Plankton schweben. Sie können aber auch mehrere Meter lang werden (Seetang). Seegrasgewächse gehören zu den Blütenpflanzen, die im Meer unter der Wasseroberfläche leben. Alle haben eines gemeinsam — sie benötigen Sonnenlicht, um Energie zu gewinnen!

Welche Algen gibt es im Meer?

Im Meer leben vor allem Grünalgen, Rotalgen, Braunalgen und Kieselalgen. Grünalgen sind leuchtend grün und verdanken ihren Namen dem Chlorophyll (Blattgrün). Sie kommen sowohl als winzige Einzeller vor als auch in großen Kolonien an den Stränden. Das Chlorophyll bei Rotalgen wird von besonderen blauen und roten Farbstoffen überdeckt. Deshalb sind Rotalgen leuchtend rot bis violett gefärbt. Sie kommen noch in 300 Meter Tiefe vor. Zu den Braunalgen zählen die Seetange. Sie haben einen braunen Farbstoff und sind daher auch braun gefärbt. Manche Arten können mehrere Meter lang werden (Riesentang).

Pflanzen im Meer

Warum benötigen Algen unbedingt Sonnenlicht?

Diese einfachen Pflanzen sind auf das Sonnenlicht angewiesen, weil sie Energie durch die Fotosynthese gewinnen. So nennt man den Vorgang in der Natur, bei dem Pflanzen (an Land und im Wasser) mithilfe des Sonnenlichts aus Wasser und Kohlendioxid Zucker und Stärke herstellen, um leben zu können. Deshalb gibt es im Meer Pflanzen nur in den Tiefen, in die Sonnenstrahlen noch vordringen können. Bei der Fotosynthese entsteht Sauerstoff, der für Menschen und Tiere auf der Erde lebensnotwendig ist.

Wie groß kann der Riesentang werden?

Der Riesentang gehört zu den Braunalgen und ist die größte aller Meerespflanzen — er kann bis zu 60 Meter lang werden. Diese Pflanzen können in nährstoffreichen, klaren Gewässern am Meeresgrund riesige Wälder bilden. In diesen Algenwäldern leben viele Tiere, darunter Muscheln, Schnecken, Krebse, Schwämme und Moostierchen.

Wie hält sich der Riesentang am Untergrund fest?

Riesentange haben einen langen, dünnen Stiel, blattähnliche Wedel und wurzelartige Haftorgane. Mit diesen halten sie sich am felsigen Untergrund fest. Sie sind so fest verankert, dass die Wellen sie nicht losreißen können.

Haben alle Algen Chlorophyll?

Wie alle Pflanzen betreiben auch Algen Fotosynthese und verwenden dazu ihr Chlorophyll (Blattgrün). Aber wie machen das rote und braune Algen, obwohl sie nicht grün sind? Mit einem einfachen Experiment kannst du das selbst herausfinden. Wenn du am Meer Braun- oder Rotalgen findest, nimm sie mit nach Hause und bringe etwas Wasser zum Kochen (aber bitte einen Erwachsenen um Hilfe). Tauche eine Braunalge in das kochende Wasser und nach wenigen Augenblicken wirst du sehen, dass sich das Wasser braun oder rot verfärbt. Zurück bleibt eine grüne Alge! Die Erklärung ist, dass die braunen oder roten Farbstoffe sehr intensiv sind und das Blattgrün der Braun- und Rotalgen einfach nur verdecken. Das bedeutet, dass alle Algen Chlorophyll haben.

Was ist Blasentang?

Dieser Seetang gehört ebenfalls zu den Braunalgen und kommt in kälteren Meeren, besonders in der Nord- und Ostsee, vor. Die verschiedenen Arten werden 30 bis 100 Zentimeter lang. Der Pflanzenkörper (Thallus) des Blasentangs ist stark verzweigt. An den Enden dieser lappenförmigen Verzweigungen liegen kleine Blasen, die mit Gas gefüllt sind. Daher stammt auch der Name Blasentang. Mit ihrer Hilfe kann sich die Pflanze im Wasser aufrecht halten und fortpflanzen.

Meeresbewohner

Was sind Seeanemonen?

Seeanemonen sehen zwar aus wie Blumen, sind aber bunte Meerestiere, die zu den Blumen- oder Korallentieren gehören. Sie haben einen becherförmigen, hohlen Körper, der am oberen Rand (Mundöffnung) von vielen Tentakeln (Fangarmen) umgeben ist. Mit dem anderen Ende (Fußende) sitzen sie auf einem Felsen oder einer Koralle. Seeanemonen sind Einzeltiere, die kein Skelett bilden. Eigentlich sind es festsitzende Polypen. Ihre Tentakel besitzen giftige Nesselzellen, mit denen sie ihre Beute lähmen, bevor sie sie verschlingen.

Seeanemonen sind Tiere.

Warum ist der Blasentang besonders glitschig?

Der Blasentang wächst in Ufer- und Brandungszonen auf Felsen und Steinen. Die Pflanzen besitzen auf ihren Blättern eine Schleimschicht, damit der Pflanzenkörper während der Ebbe nicht austrocknet. Daher ist der Blasentang besonders glitschig.

Welches ist die größte Qualle der Erde?

Die Arktische Riesenqualle (Cyanea arctica) ist die größte heute lebende Qualle der Erde. Ihr Schirm kann einen Durchmesser von mehr als zwei Metern haben. Sie hat über 1000 Tentakel, die sich über 40 und mehr Meter erstrecken und sich in Sekundenschnelle auf weniger als ein Zehntel ihrer Länge zusammenziehen können. Zum Beutefang breitet die Riesenqualle die Fangarme wie ein Fangnetz aus und kann so eine Fläche von 500 Quadratmetern innerhalb weniger Minuten abfischen!

Wo wächst das Neptungras?

Seegräser sind mit den Gräsern verwandt, die an Land auf den Wiesen wachsen. Vor sehr langer Zeit passten sie sich an das Meer an und kommen heute nur unter Wasser vor. Das Neptungras wächst nur im Mittelmeer und bildet ganze Gärten am Meeresgrund. Es ist nach dem römischen Meeresgott Neptun benannt. Das Neptungras besteht aus feinen, dunkelgrünen Halmen, die sich sanft im Wasser wiegen. In diesen Meereswiesen finden viele Tiere Schutz und Nahrung.

Neptungras

Zu welchen Tieren gehört die Qualle?

Quallen gehören zu den Nesseltieren. Die meisten Menschen wissen nicht, dass die im Wasser treibende Form, die sogenannte Meduse, eigentlich ein bestimmtes Lebensstadium dieses Tieres ist. Diese Form, der du im Meer bestimmt auch schon begegnet bist, wird umgangssprachlich „Qualle" genannt. Quallen kommen eigentlich in drei verschiedenen Stadien vor: die im Wasser treibende Meduse, eine bewimperte Larve und ein festsitzender Polyp, den kaum jemand kennt. Eine Meduse besteht zu 99 Prozent aus Wasser und sieht aus wie ein im Meer schwebender Schirm, von dem die Fangarme, die mit Nesselkapseln versehen sind, herabhängen. Zwischen den Fangarmen befindet sich die Mundöffnung, die aber auch zur Ausscheidung dient. Die festsitzende Form (Polyp) ähnelt einer Seeanemone.

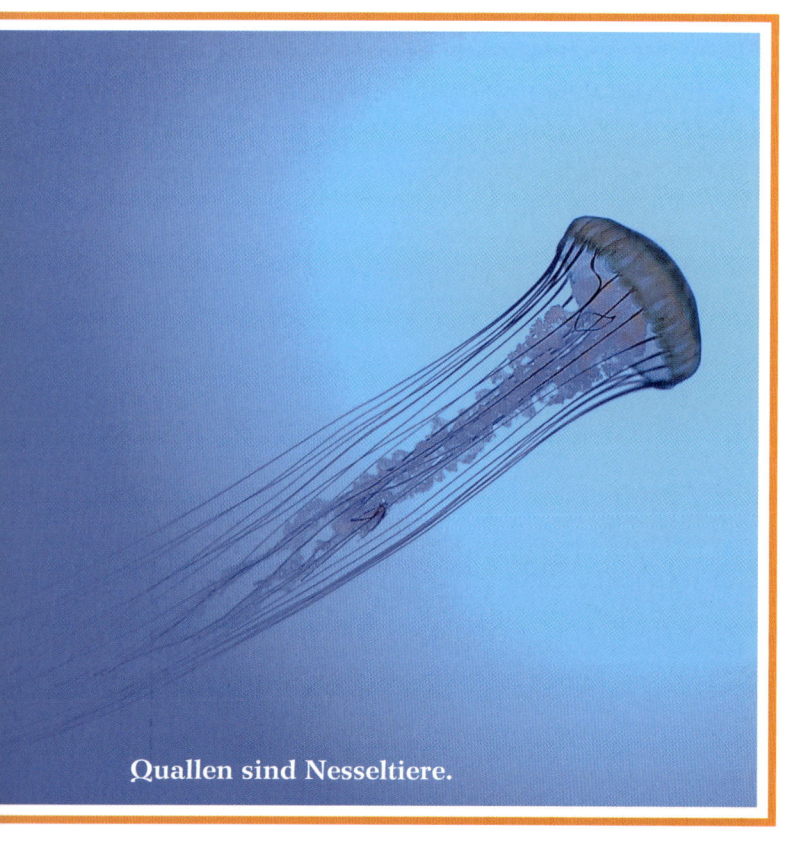

Quallen sind Nesseltiere.

Wie pflanzen sich Quallen fort?

Die Fortpflanzung der Quallen ist ziemlich ungewöhnlich. Sie erfolgt in mehreren Generationen (Generationswechsel): Auf eine Generation von Medusen, die sich geschlechtlich fortpflanzen, folgt eine von Polypen, die sich ungeschlechtlich fortpflanzen. Eine Meduse ist eine Qualle, wie sie jeder kennt — mit Schirm und Fangarmen. Es gibt männliche und weibliche Medusen. Die weiblichen Tiere geben ihre Eizellen ins Wasser ab, die von den Samenzellen der männlichen Tiere befruchtet werden. Daraus entwickeln sich bewimperte Larven, die sich zu Polypen entwickeln. Sie setzen sich am Grund fest. Polypen sind ohne Geschlecht. Ein Polyp teilt sich einfach und es entstehen viele übereinander gestapelte „Schirmchen". Diese lösen sich nacheinander los und werden zu jungen Medusen. Wenn diese zu „ganz normalen Quallen" herangewachsen sind, vermehren sie sich wieder geschlechtlich.

Wie funktionieren Nesselzellen?

Die sehr wirkungsvolle Waffe der Nesseltiere sind die Nesselzellen mit den Nesselkapseln. In jeder Kapsel liegt aufgerollt ein dünner, langer Faden mit Gift. Wenn die Härchen auf der Außenseite der Nesselzelle berührt werden (zum Beispiel vom Beutetier), wird ein winziger Pfeil herausgeschleudert, der sich in den Gegner bohrt. Dabei reißt der Pfeil den Faden mit dem Gift hinter sich her. Das Gift lähmt das Beutetier, das jetzt einfach in die Mundöffnung geführt wird. Die Nesselzellen gehören zu den kompliziertesten Vorrichtungen im gesamten Tierreich.

Meeresbewohner

Schmerzhafte Quallen

Quallen können schmerzhafte Hautreizungen verursachen. Wenn du von einer Qualle berührt worden bist, kannst selbst einiges tun. Das Wichtigste ist, dass du dir nicht die Augen reibst, denn so könnte das Gift in die Augen gelangen. Spüle die Stelle mit Meerwasser und nicht mit Leitungswasser ab. Trage auf die verletzte Stelle Essig auf. Er sorgt für Linderung. Die winzigen Fäden der Nesselkapseln der Qualle entfernst du am besten, indem du die Stelle mit Sand abrubbelst. Bei großen Schmerzen musst du aber unbedingt zum Arzt gehen!

Warum können Quallen für Menschen gefährlich sein?

Die Fangarme der Quallen sind mit winzigen Nesselkapseln besetzt, die sie zum Fangen von Beute oder zum Vertreiben von Angreifern einsetzen. Wenn Menschen im Meer schwimmen und einer Qualle zu nahe kommen, schießt diese ihr giftigen Kapseln los, weil sie sich bedroht fühlt. Das Gift verursacht auf der menschlichen Haut ein Brennen, Juckreiz und auch Hautausschlag. Das Gift mancher Quallen in warmen Meeren ist so stark, dass Menschen im schlimmsten Fall daran sterben können.

Warnung vor Quallen im Meer

Welches ist das giftigste Tier der Welt?

Auch dieser Rekord gehört einer Qualle. Die Australische Würfelqualle (Chinorex fleckeri) ist nicht nur das giftigste Tier, sondern wahrscheinlich das giftigste Lebewesen der Erde. Ein einziges Tier besitzt so viel Gift in seinen Nesselzellen, dass es 60 Menschen töten könnte. Es besitzt bis zu 60 Fangarme. An jedem Arm befinden sich Millionen von giftigen Nesselzellen. Kein Wunder, dass dieses Tier so giftig ist.

Was haben Quallen und Seeanemonen gemeinsam?

Sicher fragst du dich jetzt, welche Gemeinsamkeiten Quallen und Seeanemomen wohl haben. Die beiden Tiere sehen zwar unterschiedlich aus, sind aber miteinander verwandt. Sie gehören nämlich beide zu den Nesseltieren. Das sind sehr einfache wirbellose Tiere, die hauptsächlich im Meer leben. Sie haben alle einen hohlen Körper, der becher- oder glockenförmig ist. Um den Mundrand haben sie Fangarme (Tentakel), die mit winzigen, giftigen Nesselzellen besetzt sind. Die Mundöffnung dient gleichzeitig zur Ausscheidung. Sie alle pflanzen sich in mehreren Generationen fort.

Wie sind Muscheln aufgebaut?

Du hat sicherlich am Strand schon Schalen von toten Muscheln gefunden. Eine lebende Muschel hat zwei abgeflachte Schalenhälften, die immer zusammenhängen. Sie sind durch ein bewegliches Band verbunden, das wie ein Türscharnier funktioniert. Muscheln haben sehr starke Muskeln, mit denen sie die Schalenhälften schließen und öffnen. Wenn du bei einer lebenden Muschel versuchst, die Schale mit der Hand zu öffnen, wird dir das mit Sicherheit nicht gelingen — so stark ist eine Muschel! Der weiche Muschelkörper hat weder einen Kopf noch Arme oder Beine, dafür aber einen fleischigen Fuß zum Kriechen und Graben. Es gibt Muscheln, die benutzen ihren Fuß, um kleine Sprünge zu machen!

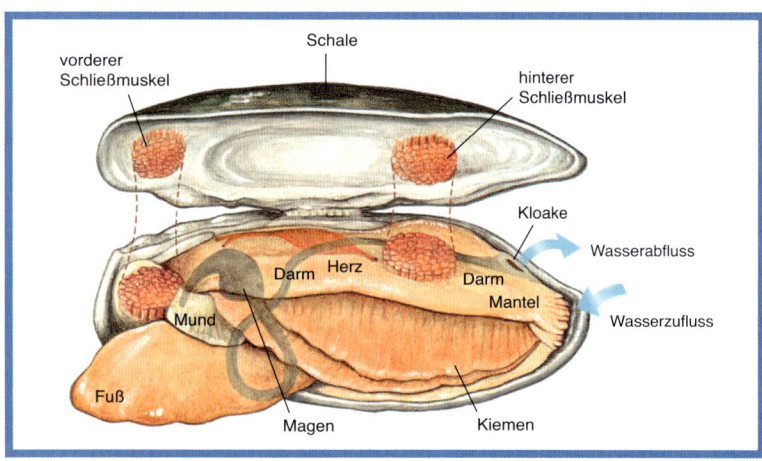

Aufbau einer Muschel

Was sind Weichtiere?

Als Weichtiere (Mollusken) bezeichnet man wirbellose Tiere — also Tiere ohne Knochen — mit einem weichen Körper. Die meisten von ihnen haben eine harte Schale aus Kalk, die den weichen Körper vor Feinden und Umwelteinflüssen schützt. Die bekanntesten Weichtiere sind Muscheln, Schnecken und Kopffüßer (Kraken, Kalmare, Tintenfische). Viele sind Meeresbewohner, nur wenige leben im Süßwasser und an Land.

Muscheln sind natürliche Filter

Muscheln sind Weichtiere, die das Wasser ihrer Umgebung filtern. So entnehmen sie dem Wasser, das sie durchströmt, Nährstoffe und andere Teilchen, die sich im Wasser befinden. Das gilt auch für Giftstoffe, mit denen sich die Muscheln anreichern können. Deshalb kann es zu schweren Lebensmittelvergiftungen kommen, wenn man Muscheln aus verschmutzten Regionen verspeist.

Wie können Muscheln atmen?

Muscheln atmen — ebenso wie die Fische — mithilfe ihrer Kiemen. Sie haben am hinteren Körperende Ein- und Ausströmungsöffnungen, die meist röhrenförmig verlängert sind. Diese Öffnungen nennt man Siphone. Durch die Einströmungsöffnung fließt das Wasser in die Muschel, das verbrauchte Wasser wird später durch die Ausströmungsöffnung ausgeschieden. Mit den kammartigen Kiemen wird nicht nur der Sauerstoff aus dem Wasser aufgenommen, an ihnen bleiben auch Nahrungsteilchen aus dem Wasser hängen; sie werden also aus dem Wasser herausgefiltert. Die Muschel hat einen Mund, einen Magen, einen Darm und einen After. Zum Atmen und Fressen muss die Muschel ihre Schale immer etwas öffnen.

Meeresbewohner

Welches ist die größte Muschel der Erde?

Die größte Muschel der Welt ist die Riesenmuschel (Tridacna gigas), die im Indopazifischen Ozean lebt. Ihre Schale kann bis zu 1,4 Meter lang werden und mehr als 500 Kilogramm wiegen. Die Riesenmuschel ist so groß, dass sie sich kaum bewegen kann. Ihre riesigen Schalenhälften wurden früher als Wasch- und Taufbecken verwendet!

Die Riesenmuschel ist die größte Muschel der Welt.

Wie entstehen Perlen?

Auf welche Weise Perlen in Muscheln entstehen, ist nicht hundertprozentig sicher. Einige Forscher vermuten, dass eine Perle aufgrund einer krankhaften Veränderung in der Muschel zustande kommt. Eine andere, vor allem früher verbreitete Meinung erklärt die Entstehung folgendermaßen: Die Innenseite einer Muschelschale besteht aus einem schillernden Material, das man Perlmutt nennt. Mit dem Atemwasser nimmt die Muschel winzige Nahrungsteilchen auf. Dabei kann manchmal auch ein Sandkorn oder ein Steinchen hereinströmen, das nicht wieder herausgespült wird und in der Muschel bleibt. Da die Muschel diesen Fremdkörper nicht loswerden kann, bildet sie eine Hülle aus Perlmutt um ihn herum. Nach und nach entsteht ein kugelförmiges Gebilde — eine Perle.

Was sind Schiffsbohrer?

Schiffsbohrer sind Muscheln von seltsamem Aussehen. Sie haben eine lang gestreckte Gestalt, die eher an einen Wurm erinnert als an eine Muschel. Ihre Schalenränder sind gezähnt und werden als Bohrwerkzeuge verwendet, um sich so in Holz und sogar Steine einzubohren. Das Holz, das sie abraspeln, dient ihnen als Nahrung. Der Schiffsbohrer wird bis zu 20 Zentimeter lang und ist weltweit gefürchtet, da er durch seine Bohrgänge im Holz Hafen- und Dammbauten und hölzerne Schiffe zerstört.

Wo lebt die größte Schnecke der Welt?

Die größte Schnecke der Welt ist ein Meeresbewohner und gehört wie die Muscheln auch zu den Weichtieren. Sie heißt Ritterhelm (Syrinx proboscidiferus) und wird bis zu 60 Zentimeter lang. Diese Schnecken leben in australischen Küstengewässern.

Aus Perlen werden wertvolle Schmuckstücke hergestellt.

Welche Tiere gehören zu den Kopffüßern?

Kopffüßer sind meeresbewohnende Weichtiere. Sie sehen recht seltsam aus, da ihre Arme direkt an ihrem Kopf sitzen. Zwischen den Armen befindet sich die Mundöffnung. Die Arme sind mit Saugnäpfen und Haken versehen und dienen als Fangarme, um Beutetiere zu fangen, aber auch zur Fortbewegung. Am Mund haben sie Kiefer, die einem Papageienschnabel ähneln. Damit können sie Fische, Krebse und Muscheln verspeisen, denn alle Kopffüßer sind Räuber. Zu den Kopffüßern gehören Tintenfische, Kalmare und Kraken.

Tintenfische gehören zu den Kopffüßern.

Wodurch unterscheiden sich Kraken und Kalmare?

Kalmare und Kraken sind Kopffüßer und gehören daher beide zu den Weichtieren. Allerdings lassen sie sich durch verschiedene Merkmale gut voneinander unterscheiden. Die Kalmare besitzen beispielsweise zehn Arme, die Kraken (Oktopusse) dagegen nur acht. Die Arme der Kalmare sind eher kurz und vollständig mit Saugnäpfen versehen. Zwei der Fangarme sind jedoch deutlich länger als die anderen acht. Diese beiden Arme haben verbreiterte Enden, an denen Saugnäpfe sitzen. Mit den langen Armen können die Kalmare ihre Beute wie mit einem Lasso fangen. Mit den kurzen Armen führen sie dann das Beutetier in die Mundöffnung. Die acht Arme der Kraken sind dagegen alle etwa gleich lang. Sie sind ebenfalls mit Saugnäpfen besetzt. Zum Fangen der Beute (Fische, Krebse, Muscheln) benutzen Kraken alle Arme. Einige Krakenarten können beim Beutefang oder bei Gefahr innerhalb weniger Augenblicke ihre Farbe ändern. Der meist graue Körper wird dann braun, rot oder gelb.

Sind Tintenfische mit den Fischen verwandt?

Trotz ihres Namens sind Tintenfische keine Fische, sondern zählen zu den Kopffüßern. Zusammen mit den Kalmaren gehören sie zu den zehnarmigen Kopffüßern. Der Gemeine Tintenfisch oder Sepia (Sepia officinalis) hat einen abgeflachten Körper und ist von einem durchsichtigen Flossensaum umgeben, der sich im Wasser wellenartig bewegt. Seine Arme benutzt er ähnlich wie die Kalmare. Umgangssprachlich werden alle Kopffüßer als Tintenfische bezeichnet. Das liegt vermutlich daran, dass die meisten Kopffüßer einen sogenannten Tintenbeutel haben und bei Gefahr einen schwarzen tintenähnlichen Stoff ausstoßen. Dadurch können sie ihren Feinden entkommen, während diese völlig eingenebelt zurückbleiben.

Meeresbewohner

Was sind Krabben?

Krabben sind Krebstiere, die hauptsächlich im Meer leben. Sie kommen in allen Meeren vor. Man findet sie häufig in Zonen des Meeres, die nicht ganz so tief sind, zum Beispiel in der Nähe von Küsten. Manche Krabben können jedoch bis in eine Tiefe von mehreren Tausend Metern vordringen. Krabben besitzen einen Panzer und zehn Beine — vier Paar Laufbeine und ein Paar Scheren. Die meisten Krabben sind Aasfresser, einige ernähren sich auch von Algen. Sehr bekannte Krabben sind der Taschenkrebs und die Strandkrabbe.

Krabben kommen in allen Meeren vor.

Was ist Krill?

Als Krill bezeichnet man kleine, garnelenähnliche Krebse, die bis zu fünf Zentimeter lang werden. Sie besitzen federartige Beine, mit deren Hilfe sie pflanzliches Plankton aus dem Wasser filtern, um sich davon zu ernähren. Das Besondere an diesen Krebsen ist, dass sie riesige Schwärme bilden, von denen sich viele Fische und Vögel, vor allem aber die riesigen Bartenwale ernähren. Der Blauwal, der zu den Bartenwalen gehört, frisst an einem Tag bis zu vier Tonnen Krill!

Woraus besteht der Panzer der Krebstiere?

Krebse sind wirbellose Tiere und haben kein Skelett. Damit ihr weicher Körper geschützt ist, ist er von einem harten Panzer umgeben. Dieser Panzer besteht wie bei vielen Insekten aus Chitin. Das ist ein Zuckerstoff, der zusammen mit Eiweißstoffen den Panzer der Krebse und Insekten bildet. Krebse müssen wie Insekten ihren Panzer abstoßen, wenn er ihnen zu eng wird, denn er wächst nicht mit. Das nennt man Häutung. Die Tiere bilden einfach einen neuen Panzer, der zunächst noch weich ist, aber bald hart wird.

Der Panzer von Krebstieren besteht aus Chitin.

Zu welcher Tiergruppe gehört die Seespinne?

Eine Seespinne ist kein Spinnentier, sondern gehört zu den Krebstieren. Sie ist mit den Hummern und Garnelen verwandt, aber nicht so schmackhaft wie diese. Ihren seltsamen Namen verdankt die Seespinne ihren langen Beinen und ihrem runden Körper. Sie sitzt oft unbeweglich am Meeresgrund. An den Beinen, die mit winzigen Haken besetzt sind, und auf dem Panzer lagern sich viele Algen an, durch die der Krebs vor seinen Feinden gut getarnt ist. Seespinnen fressen Muscheln, Schnecken, Seesterne, aber auch Algen und Aas.

Was ist das Besondere an Pfeilschwanz-krebsen?

Pfeilschwanzkrebse oder Schwertschwänze gehören trotz ihres Namens zu den Spinnentieren. Die absonderlich aussehenden Tiere bevölkern schon seit etwa 400 Millionen Jahren die Erde. Weil sie fast unverändert bis heute überlebt haben, bezeichnet man sie als lebende Fossilien. Die Tiere werden etwa 60 Zentimeter lang. Ihr Kopf und der Brustbereich sind miteinander verschmolzen und von einem harten Panzer bedeckt, der ein bisschen an einen Pferdehuf erinnert. Am hinteren Körperende trägt das Tier einen langen, spitzen Schwanzstachel, mit dem es sich fortbewegen und eingraben kann. Schwertschwänze leben an den flachen Stränden tropischer Meere und ernähren sich hauptsächlich von Weichtieren wie Muscheln.

Einsiedlerkrebs im Schneckenhaus

Wo wohnen Ein-siedlerkrebse?

Der Einsiedlerkrebs besitzt keinen eigenen Panzer wie andere Krebsarten. Um seinen weichen Hinterleib zu schützen, versteckt er ihn in einem verlassenen Schneckenhaus, das er ständig mit sich herumträgt. Wird er bedroht, zieht er sich in „sein Haus" zurück. Wenn das Tier wächst, wird ihm seine Behausung zu klein. Dann sucht es sich ein größeres Schneckenhaus. Man hat sogar Einsiedlerkrebse gefunden, die sich in Plastikbehältern niedergelassen haben!

Der Quastenflosser – ein lebendes Fossil

Die Vorfahren des Quastenflossers (Latimeria chalumnae) lebten schon vor 400 Millionen Jahren. Man glaubte, dass diese Fische etwa vor 65 Millionen Jahren ausgestorben seien. 1938 jedoch wurde ein totes Exemplar in einem Fischernetz an der Küste Südafrikas entdeckt. 1952 konnte man erstmals einen lebenden Quastenflosser fangen. Dieser bis zu zwei Meter lange und 100 Kilogramm schwere Fisch hat fast unverändert bis in die heutige Zeit überlebt. Deshalb bezeichnet man ihn als lebendes Fossil.

Sind Seeigel und Igel verwandt?

Der Seeigel heißt zwar so ähnlich, hat aber mit dem Igel in unseren Wäldern und Gärten nichts zu tun. Seinen Namen verdankt dieser Meeresbewohner den vielen Stacheln, die er am Körper trägt. Der Seeigel ist mit dem Seestern verwandt, auch wenn sie auf den ersten Blick keine Ähnlichkeit haben. Seeigel tragen längere Stacheln als Seesterne und haben auch keine Arme. Ihr Körper ist jedoch wie der des Seesterns in fünf Teile gegliedert. Beide gehören zu den Stachelhäutern.

Meeresbewohner

Wie hält sich der Seeigel am Untergrund fest?

Seeigel haben sogenannte Ambulakralfüßchen. Das sind kleine, mit Wasser gefüllte Röhren, die Saugnäpfe besitzen. Mit diesen Saugnäpfen halten sie sich am felsigen Untergrund fest. Um sich vorwärtszubewegen, benutzen Seeigel diese Füßchen meist auch, manche nehmen allerdings zusätzlich ihre Stacheln zu Hilfe.

Wie können sich Seesterne vorwärtsbewegen?

Die meisten Seesterne haben fünf Arme, die sternförmig angeordnet sind. Es gibt auch einige Arten, die sechs, acht und manchmal sogar 50 Arme besitzen. Auf der Oberseite tragen Seesterne Stacheln, die aber viel kürzer sind als die der Seeigel, mit denen sie eng verwandt sind. Auf der Unterseite der Arme befinden sich am Rand Hunderte oder gar Tausende von Röhrenfüßchen mit Saugnäpfen (Ambulakralfüßchen). All diese Füßchen kann der Seestern gleichzeitig in dieselbe Richtung bewegen, um auf diese Weise vorwärtszukommen. Mit ihnen können sich Seesterne auch am Untergrund verankern oder ihre Beute festhalten.

Seesterne bewegen sich mithilfe ihrer Arme vorwärts.

Seesterne sind Verdauungskünstler

Seesterne fressen am liebsten Muscheln. Aber wie machen sie das? Sie öffnen die Schale der Muschel mit ihren Füßchen, stülpen ihren Magen aus und führen ihn in die leicht geöffnete Muschel ein. Auf diese Weise verdauen sie langsam und genüsslich ihre Beute. Wenn sie fertig sind, ziehen sie den Magen wieder ein. Seesterne verzehren auch gern Schwämme und Moostierchen, die sie auf die gleiche Weise verdauen.

Was ist die „Laterne des Aristoteles"?

Der sehr komplizierte Kauapparat des Seeigels trägt diesen seltsamen Namen. Der Mund liegt auf der Unterseite des Tieres. Darin befinden sich fünf mit Zähnen besetzte Kiefer. Mit diesen schabt er seine Nahrung (Algen oder kleine Meerestiere) vom Meeresgrund ab und zerkleinert sie. Der Mundapparat wurde erstmals von dem griechischen Naturforscher Aristoteles, der vor über 2000 Jahren lebte, beschrieben. Da der Kauapparat ihn damals an eine Öllampe erinnerte, nannte er ihn Laterne. So ist die Bezeichnung „Laterne des Aristoteles" entstanden, die noch heute von Wissenschaftlern benutzt wird.

Was passiert, wenn ein Seestern einen Arm verliert?

Es kommt schon einmal vor, dass ein Fressfeind dem Seestern einen Arm abreißt. Das macht dem Seestern aber nichts aus, denn er ist in der Lage, an der verletzten Stelle einen neuen Arm zu bilden. Du kannst den neuen Arm daran erkennen, dass er kürzer ist als die anderen. Noch interessanter ist allerdings, dass aus einem abgerissenen Arm ein ganzer Seestern entstehen kann!

Ist die Seegurke eine Pflanze?

Nein. Die Seegurke heißt zwar wie ein Gemüse, ist aber ein Tier. Sie verdankt diesen Namen ihrem walzenförmigen Körper, weshalb sie auch Seewalze genannt wird. Die Seegurken gehören wie die Seeigel und Seesterne zu den Stachelhäutern. Sie haben keine Arme, dafür aber Ambulakralfüßchen wie ihre anderen stacheligen Verwandten, und kriechen damit auf dem Meeresgrund umher. Seegurken können — je nach Art — von zwei Millimeter bis zu zwei Meter lang werden. Sie kommen

Seegurken sind kein Gemüse.

in flachen Gewässern genauso vor wie in der Tiefsee. Manche Seegurken entnehmen dem Sand Nährstoffe, andere ernähren sich von Plankton. Dazu benutzen sie die kurzen Fangarme (Tentakel) an der Mundöffnung.

Die Lederschildkröte ist eine riesige Meeresschildkröte.

Wo lebt die größte Schildkröte der Welt?

Die größte Schildkröte der Welt ist eine gewaltige Meeresschildkröte namens Lederschildkröte (Dermochelys coriacae). Sie kommt in allen wärmeren Weltmeeren vor. Ihren Namen trägt sie aufgrund ihrer dicken, lederartigen Haut, die sie anstelle eines Panzers besitzt. Die Lederschildkröte kann bis zu zwei Meter lang und bis zu 600 Kilogramm schwer werden. Dafür muss sie sehr viele Fische, Kopffüßer und Weichtiere fressen, die auf ihrem Speiseplan stehen.

Was sind Seelilien?

Seelilien sind Meerestiere, die mit den Seeigeln und Seesternen verwandt sind — obwohl sie eher an Farnwedel erinnern. Dabei handelt es sich um die Arme der Tiere, die an einem kelchförmigen Körper

Meeresbewohner

sitzen. Alle Seelilien sind leuchtend bunt gefärbt. Diese Stachelhäuter lebten schon vor 500 Millionen Jahren in den Meeren. Inzwischen sind jedoch viele Arten ausgestorben; man findet sie heute daher nur noch als Versteinerungen (Fossilien).

Wie unterscheiden sich Rochen und Haie von anderen Fischen?

Haie und Rochen sind Knorpelfische, das heißt sie haben ein Skelett, das aus Knorpel besteht. Alle anderen Fischarten besitzen ein Skelett aus Knochenmaterial und werden daher Knochenfische genannt. Von den heute lebenden Fischarten gehören nur 600 zu den Knorpelfischen. Fast alle sind Meeresbewohner.

Rochen gehören zu den Knorpelfischen.

Wie atmen Fische?

Fische brauchen Sauerstoff zum Atmen genauso wie wir auch. Weil es unter Wasser keine sauerstoffreiche Luft gibt, haben Fische ein besonderes Atmungsorgan: die Kiemen. Bei den meisten Fischen sitzen sie unter den Kiemendeckeln an beiden Seiten des Kopfes. Die Kiemen selbst sehen wie kleine Kämme aus. Zum Atmen werden die Kiemendeckel

Angst vor dem Teufelsrochen?

Der Teufelsrochen (Manta birostris) verdankt seinen Namen zwei lappenartigen Fortsätzen der Brustflossen auf beiden Seiten des Kopfes. Sie erinnern an „Teufelshörner". Früher glaubte man, die Teufelsrochen würden damit ihre Beute aufspießen. In Wirklichkeit sind diese Tiere, auch Riesenmantas genannt, harmlos und ernähren sich von Plankton. Mit den Flossen fächeln sie das Plankton in ihr gewaltiges Maul.

vor und zurück bewegt. Dadurch entsteht ein Sog und Wasser strömt durch das offene Fischmaul. Deshalb machen die Fische beim Schwimmen ständig das Maul auf und zu. Das Wasser enthält gelösten Sauerstoff, der von den Kiemen aufgenommen und an das Blut des Fisches abgegeben wird. Das sauerstoffreiche Blut fließt dann durch den Körper. Wenn der Sauerstoff verbraucht ist, muss der Fisch wieder frisches Wasser aufnehmen.

Seit wann gibt es Fische in den Meeren?

In den Meeren und Ozeanen unserer Erde leben seit mehr als 500 Millionen Jahren viele Fischarten. Das konnten Wissenschaftler anhand von vielen Fossilien (Versteinerungen), die sie fanden, beweisen. Heute gibt es etwa 25.000 bekannte lebende Fischarten. In den noch wenig erforschten Teilen der Weltmeere werden immer wieder neue Arten entdeckt.

Wie bewegen sich Fische fort?

Die Fische bewegen sich in der Regel mithilfe ihrer Flossen fort. Sie tragen meist je zwei Bauch- und Brustflossen, eine Rücken-, eine Schwanz- und eine Afterflosse. Mit der Schwanzflosse wedeln sie, um vorwärts zu schwimmen. Um die Schwimmrichtung zu ändern, bewegen sie die Brustflossen. Sie dienen auch als Bremse. Die ziemlich kleinen Bauchflossen übernehmen die Steuerung.

Fische bewegen sich mithilfe ihrer Flossen fort.

Mit welchen Tieren sind Seepferdchen verwandt?

Man glaubt es kaum, aber das Seepferdchen ist ein richtiger Fisch! Sein Aussehen hat wenig Ähnlichkeit mit anderen Fischen: Der Kopf ähnelt dem eines Pferds (daher auch der Name!), ihr Schwanz einem Wurm. Seepferdchen sehen nicht nur seltsam aus, sie haben auch noch eine Besonderheit: Das Weibchen legt die Eier nicht einfach ins Wasser, sondern in den Brutbeutel, den alle Männ-

Seepferdchen zählen zu den Fischen.

chen am Bauch tragen. Das Männchen brütet dann die Eier aus. Nach etwa zehn bis zwölf Tagen reißt die Bruttasche auf und die jungen Seepferdchen werden ins Wasser entlassen.

Warum gehen Fische nicht unter?

Die meisten Fische haben eine Schwimmblase, mit der sie den Wasserdruck ausgleichen können. So stellen sie ihr Gewicht auf bestimmte Wassertiefen ein. Die Schwimmblase ist ein Hohlraum im Fischkörper, der mit Luft gefüllt ist. Enthält sie viel Luft, wird der Fisch in der Schwebe gehalten oder er steigt auf. Hat die Schwimmblase weniger Luft, sinkt der Fisch weiter nach unten. Da Haie keine Schwimmblase haben, müssen sie ständig in Bewegung bleiben, damit sie nicht zu Boden sinken.

Wie bekommen Fische Babys?

Für die Fortpflanzung haben Fische verschiedene Möglichkeiten entwickelt. Bei den meisten Arten legen die Weibchen eine große Zahl von Eiern auf einmal im Wasser ab. Das nennt man „laichen". Der Laich wird anschließend vom Männchen besamt, das heißt, es gibt seine Samenflüssigkeit hinzu. Aus den Eiern schlüpfen nach einiger Zeit winzige Fische. Es gibt auch lebend gebärende Fische. Zu ihnen gehören beispielsweise viele Haiarten. Bei diesen Fischen bleiben die Eier im Mutterleib und werden dort vom Männchen befruchtet. Die Mutter bringt später lebende Fischbabys zur Welt.

Meeresbewohner

Können Fische auch „fliegen"?

Es gibt tatsächlich Fische, die „fliegen" können. Sie haben natürlich keine richtigen Flügel, sondern nur flügelähnliche Flossen. Sie springen mithilfe ihrer Schwanzflosse aus dem Wasser hoch und können 30 bis 50 Meter weit in einer Höhe von etwa 1,5 Metern gleiten. Fliegende Fische kommen in tropischen und subtropischen Meeren vor.

Wie erzeugen manche Fische Strom?

Fische, die Strom erzeugen können, nennt man elektrische Fische. Es gibt unterschiedliche Arten, die nicht miteinander verwandt sind. Aber sie alle besitzen besondere Organe, mit denen sie Stromschläge verteilen können. Der Zitterrochen zum Beispiel lebt in warmen Meeren und hat in beiden Brustflossen je ein elektrisches Organ. Es handelt sich um besondere Zellen, die elektrische Ladungen abgeben. Dabei kann für kurze Zeit eine sehr große elektrische Spannung entstehen. Damit kann der Zitterrochen Beutetiere kurzzeitig lähmen und sich gegen Räuber verteidigen.

Wie schützen sich viele Fische vor großen Meeresräubern?

Viele Fischarten (zum Beispiel Sardinen, Heringe, Thunfische und Lachse) bilden große Schwärme und schwimmen dicht unter der Meeresoberfläche. Der Grund dafür ist, dass einzelne Fische in einem riesigen Schwarm viel besser geschützt sind.

Denn wenn ein Raubfisch auf den Schwarm zuschwimmt, ist er erst einmal sehr verwirrt und weiß nicht, welchen Fisch er zuerst fressen soll. Die Verwirrung nutzen die Fische aus und schwimmen weg. Natürlich kommen nicht alle Fische davon, einige werden trotzdem von dem Räuber gefangen.

Wer ist der größte Feind des Weißen Hais?

Der Weiße Hai (Carcharodon charcarias) ist der größte Raubfisch der Meere. Die größten Exemplare werden bis zu 6,5 Meter lang und bis zu 2000 Kilogramm schwer. Dem furchterregenden Riesen können nur die ebenfalls räuberischen Schwertwale gefährlich werden, was aber sehr selten vorkommt. Der größte Feind dieses Räubers ist der Mensch. Wegen der Schauergeschichten, die erzählt werden, halten ihn die Menschen für besonders gefährlich. Obwohl das nicht stimmt, wird er von vielen Menschen gejagt. Aus diesem Grund ist er inzwischen selten geworden und steht unter Naturschutz.

Riesige Fischschwärme bieten den einzelnen Tieren besseren Schutz.

Welches ist der größte Fisch der Welt?

Der größte heute lebende Fisch der Erde ist der Walhai (Rhinocodon typus), der bis zu 12,6 Meter lang werden kann. Diese Riesen sind in allen warmen tropischen und subtropischen Meeren anzutreffen. Trotz seiner gewaltigen Größe ist der Walhai völlig harmlos, denn er ernährt sich von Plankton und anderen Kleinstlebewesen, die er aus dem Meerwasser filtert.

Der Walhai ist der größte Fisch der Welt.

Was ist ein Himmelsgucker?

Hinter diesem seltsamen Namen verbirgt sich ein Fisch, der in allen gemäßigt warmen und tropischen Meeren lebt. Der Name kommt daher, dass er die meiste Zeit im sandigen oder schlammigen Meeresgrund vergraben ist und seine hochstehenden Augen und sein Maul herausschauen. Der Himmelsgucker liegt meist im Hinterhalt und lockt mit einem wurmartigen Lappen am Maul Beute an. Sobald sich ein Beutetier nähert, schnappt er blitzschnell nach ihm und betäubt es mit einem elektrischen Schlag. Die meisten Arten der Himmelsgucker haben nämlich ein Organ, mit dem sie Stromstöße von bis zu 50 Volt erzeugen können.

Woher hat der Putzerfisch seinen Namen?

Die kleinen Putzerfische schwimmen ins Maul von viel größeren Fischen, sogar von Raubfischen, und reinigen es von Parasiten und Nahrungsresten. Auf diese Weise kommen sie selbst zu ihrer Nahrung. Die größeren Fische, beispielsweise der Zackenbarsch, warten, bis sie an die Reihe kommen, und lassen die „Putzkolonie" in ihr Maul. Wenn sie genug von der „Putzaktion" haben, machen sie das den Putzerfischen durch bestimmte Bewegungen klar. Diese verstehen sofort und verlassen das Maul. Putzerfische leben in der Karibik.

Verwandlung zum Plattfisch

Was ist so besonders an einem Plattfisch? Ein junger Plattfisch trägt — wie jeder andere Fisch auch — auf jeder Kopfseite ein Auge. Während des Wachstums passiert aber etwas Seltsames: Eines der Augen wandert über die Stirn auf die Körperoberseite. Bestimmte Arten, zum Beispiel Schollen, haben beide Augen auf der rechten Seite, andere wie der Steinbutt auf der linken Seite. In dieser Zeit flacht der Körper ab und wird platt (daher der Name!). Warum diese Verwandlung passiert, ist bis heute ein Rätsel.

Der Steinbutt ist ein Plattfisch.

Meeresbewohner

Was ist das Besondere am Mondfisch?

Der Mondfisch sieht sehr merkwürdig aus: Sein Körper ist flach und scheibenförmig geformt wie der Mond. Daher stammt auch sein Name. Da der Mondfisch (Mola mola) keine Bauchflossen hat und die hohe Rücken- und die Afterflosse segelartig abstehen, sieht es so aus, als fehlte ihm der Hinterleib. Dieser Fisch hat übrigens auch die dickste Haut im ganzen Tierreich. Seine schuppenlose derbe Haut ist 15 Zentimeter dick!

Was sind Wanderfische?

Als Wanderfische werden die Fische bezeichnet, die zum Laichen in andere Gewässer schwimmen. Manche Meeresfische, wie beispielsweise die Makrelen, wandern zum Laichen in Küstengewässern oder Flussmündungen. Störe und Lachse ziehen vom Meer ins Süßwasser, um sich dort fortzupflanzen. Um in ihre Flussheimat zu gelangen, schwimmen sie etwa 3000 Kilometer zurück. Manche Fische (zum Beispiel Flussaale) legen den umgekehrten Weg zurück und wandern vom Süßwasser ins Meer.

Wie weit wandert der Flussaal, um seine Eier abzulegen?

Es gibt einige Fische, die eigentlich im Süßwasser, also in Seen oder Flüssen zu Hause sind. Doch zur Eiablage schwimmen sie in die Meere. Zu diesen Fischen gehört der Europäische Flussaal. Er lebt bis zu 20 Jahre im Süßwasser. Dann schwimmt er in ein weit entferntes Meer in der Nähe der Bermudainseln (Atlantik), der Sargassosee, um seine Eier abzulegen. Dieses Meer ist von den heimischen Gewässern über 5000 Kilometer entfernt! Dort schlüpfen die jungen Larven, die sich sofort auf den Weg nach Hause machen. Die Larven brauchen drei Jahre, um den Atlantik zu durchqueren. Wenn sie an der europäischen Küste ankommen sind, haben sie sich verwandelt und schwimmen die Süßwasserströme hoch.

Welcher Fisch ist der giftigste der Welt?

Der giftigste aller Fische ist der Steinfisch (Synanceja verrucosa). Er trägt auf den Rückenflossen Stacheln mit Giftdrüsen. Dieses Gift ist so stark, dass es sogar einen Menschen töten kann, wenn dieser versehentlich auf die Stacheln tritt. Der Steinfisch, der im Indischen Ozean und im Pazifik lebt, verdankt seinen Namen seiner unregelmäßigen Körperform und der fleckigen Färbung. So ist er gut getarnt, wenn er zwischen den Steinen am Meeresgrund auf vorbeischwimmende Beute wartet.

Der Steinfisch ist der giftigste Fisch der Welt.

Delfine sind Säugetiere, die im Meer leben.

Welche Säugetiere leben im Meer?

Säugetiere sind Warmblüter, die unter Wasser nicht atmen können. Dennoch gingen einige von ihnen vor Millionen von Jahren auf Nahrungssuche ins Meer. Ihre Nachkommen passten sich an die Lebensbedingungen im Meer an und entwickelten sich zu hervorragenden Schwimmern. Ihre Gliedmaßen wurden flossenartig umgebildet und sie bekamen eine dicke Fettschicht, die sie vor der Kälte des Wassers schützt. Zu den Meeressäugern zählen die Wale (mit den Delfinen), die Robben, die Seekühe und die Seeotter.

Wie ernährt sich der Blauwal?

Der Blauwal (Balaenoptera musculus) ist das größte Säugetier der Erde und wird bis zu 35 Meter lang und etwa 135 Tonnen schwer. Dieser gewaltige Riese ist aber ganz harmlos und ernährt sich von kleinen Meereskrebsen, die man Krill nennt. Er muss eine Menge davon vertilgen, um überhaupt satt zu werden — im Sommer bis zu vier Tonnen täglich! Die Krebse filtert der Blauwal mithilfe sei-

ner bis zu 4,5 Meter langen Barten aus dem Meerwasser. Barten sind feine Hornplatten, die vom Oberkiefer anstelle von Zähnen herabhängen.

Welche Robben sind die größten der Welt?

Der Südliche Seeelefant (Mirounga leonina) ist die größte Robbe der Welt. Die männlichen Tiere können bis zu fünf Meter lang werden und bis zu 4000 Kilogramm wiegen. Die Weibchen werden nur halb so groß und halb so schwer. Diese Riesen leben hauptsächlich auf den Inseln um die Antarktis. Ihre Verwandten, die Nördlichen Seeelefanten (Mirounga angustirostris), sind deutlich kleiner und leben entlang der Westküste Nordamerikas.

Südliche Seeelefanten können bis zu fünf Meter lang werden.

Mit welchen Landsäugetieren sind die Seekühe verwandt?

Seekühe (Sirenia) sind die einzigen Meeressäugetiere, die sich rein pflanzlich ernähren. Sie fressen Pflanzen, die sie im warmen flachen Wasser des Atlantiks finden. Auch wenn man es sich nicht vorstel-

Meeresbewohner

len kann, sind diese Meeresvegetarier entfernte Verwandte der Elefanten! Die verschiedenen Arten werden 2,5 bis vier Meter lang und zwischen 250 und 1500 Kilogramm schwer. Sie sind also nicht so gewaltig wie ihre Verwandten an Land. Die Seekühe halten sich immer in Küstennähe und oft in sehr flachem Wasser auf. Die beiden Familien der Seekühe heißen Manatis und Dugongs.

Welche Meeressäugetiere können das Wasser nicht verlassen?

Wale und Seekühe sind Meeressäuger, die das Meer gar nicht verlassen können, obwohl ihre Vorfahren, die vor vielen Millionen Jahren lebten, dazu noch in der Lage waren. Sie tauchen nur kurz auf, um die verbrauchte Luft aus ihren Lungen auszustoßen und frische Luft zu tanken. Danach geht es wieder in die Tiefe der Meere.

Seekühe können das Meer nicht verlassen.

Welches Meeressäugetier unternimmt die längsten Wanderungen?

Der Rekordhalter in dieser Disziplin ist der Grauwal (Eschrichtius robustus). Diese 13 bis 15 Meter langen und bis zu 35 Tonnen schweren Tiere ziehen jedes Jahr 10.000 bis 20.000 Kilometer durch den Pazifik. Sie wandern zwischen ihren Nahrungs- und Fortpflanzungsgebieten. Da ein Grauwal durchschnittlich 40 bis 50 Jahre alt wird, entsprächen diese Wanderungen im Leben eines einzelnen Tieres ungefähr einer Reise zum Mond und zurück!

Welcher Meeressäuger kann am tiefsten tauchen?

Der Pottwal (Physeter catodon) kann unter den Meeressäugern am tiefsten tauchen — bis zu 1200 Meter tief. Man soll sogar Tiere beobachtet haben, die auf der Jagd nach Tiefsee-Tintenfischen eine Tiefe von bis zu 3000 Metern erreichten! Der bis zu 18 Meter lange und etwa 50 Tonnen schwere Pottwal kann bis zu zwei Stunden tauchen, ohne Luft holen zu müssen.

Der Pottwal kann am tiefsten tauchen.

Schutz des Meeres

Mehr denn je sind die Weltmeere heute durch den Menschen gefährdet. Im 20. Jahrhundert landete mehr Abfall im Ozean als in den vergangenen 2000 Jahren. Und auch zunehmende Klimaveränderungen beeinflussen das Meer.

Kein Fisch im Meer

Für uns sind die Ozeane unendlich, ebenso wie einer ihrer wertvollsten Schätze — die Fische. Solange der Mensch dem Meer nur so viele Fische entnimmt, wie im gleichen Zeitraum wieder heranwachsen, können die Ozeane uns für eine sehr lange Zeit ernähren. Doch durch zügellose Jagd mit immer größeren Schiffen sind in einigen Gebieten im Atlantik Fische

Viele Meere sind heutzutage überfischt.

wie Kabeljau und Schellfisch inzwischen schon fast ausgestorben. Im Pazifik wurden durch den Einsatz von Sprengstoff und Gift beim Fischfang ganze Korallenkolonien vernichtet. Durch Überfischung sind einige der reichsten Fischgründe der Welt heute in Gefahr. Die Technik macht es möglich: Echolote, die Fischschwärme genau orten, und Netze, die so groß sind, dass ein Jumbojet darin Platz hätte, werden heute beim Fischfang eingesetzt. Und schwimmende Fischfabriken sind imstande täglich Hunderte Tonnen Fisch zu fangen, zu verarbeiten und einzufrieren. Die Meere und Ozeane können vor einem weiteren Überfischen nur dann geschützt werden, wenn es gelingt, den Fischfang weltweit zu steuern und zu kontrollieren.

Abfalleimer Meer

Seit Tausenden von Jahren werfen Menschen ihren Hausmüll ins Meer. Solange es auf der Welt nur wenige Menschen gab, war das kein Problem. Da die Abfallmenge sehr klein war, wurde sie von den Strömungen schnell weggetragen. Aber heute leben etwa 6,8 Milliarden Menschen auf der Erde und die Müllmengen, die wir erzeugen, sind riesig. Würde man das alles ins Meer werfen, gäbe es wahrscheinlich kein Leben mehr darin. Abwasser, chemische Industrieabfälle sowie Düngemittel und Pestizide (Pflanzenschutzmittel) aus landwirtschaftlichen Betrieben werden oft in Flüsse geleitet und gelangen so ins Meer. Chemische Abfallprodukte werden auch direkt von Schiffen aus im Meer versenkt. Schwach radioaktiver Abfall oder Atommüll wird oft trotz Verbot ins Meer geworfen. Besonders gefährlich sind darüber

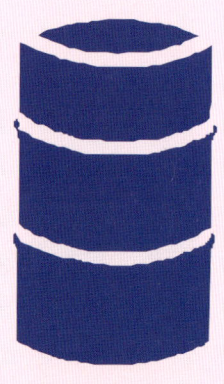

Jahr für Jahr werden riesige Mengen an Müll und Abwasser im Meer entsorgt.

hinaus Verpackungsmaterialien aus Plastik, die in Küstengewässern umhertreiben. Vögel und andere Tiere wie junge Seehunde verfangen sich darin und verenden qualvoll. Das Müllabladen auf See wird zwar durch internationale Vereinbarungen begrenzt, doch halten sich die Menschen nicht immer daran. Daher sind die Ozeane heute die größten Abfallbecken der Welt und ein Ende ist trotz vieler Bemühungen nicht in Sicht.

Das Meer und das Klima

Wissenschaftler haben schon lange erkannt, wie stark die Ozeane und das Klima voneinander abhängen. Wenn die weltweite Erwärmung anhält, wird der Wasserspiegel durch die schmelzenden Eisdecken ansteigen. Sie halten bis zum Jahr 2050 einen Anstieg der Ozeane um etwa 30 Meter für möglich. Das hätte die Überflutung vieler tiefer gelegener Städte zur Folge. Klimaveränderungen könnten auch zur Ablenkung von Meeresströmungen führen, zum Beispiel des Nordatlantikstroms, dem West- und Nordeuropa ihr mildes Klima verdanken. In diesem Fall könnte es in diesen Regionen genauso eisig kalt werden wie an der Labradorküste (Kanada) am Nordatlantik.

Ölpest

Eine große Gefahr für das Meer und seine Bewohner ist das Erdöl, das wir in Unmengen benötigen, um daraus Energie zu gewinnen. Tausende von Tankschiffen transportieren es über die Ozeane. Manchmal verunglückt aber ein Tanker, was vor allem für nahe gelegene Küstengebiete eine Katastrophe bedeuten kann. Das auslaufende Öl schwimmt auf dem Wasser und bildet einen sogenannten Ölteppich. Er wird von Wind und Strö-

Unsere Meere sind ein kostbares Gut.

mungen an die Küsten getrieben. Unter dieser Ölschicht ersticken Tiere und Pflanzen, die Strände werden verschmutzt und Fanggründe werden vernichtet. Es kann viele Jahre dauern, bis sich die Natur von einer Ölkatastrophe erholt. Deshalb muss das ausgelaufene Öl so schnell wie möglich von Spezialschiffen abgesaugt werden. Barrieren aus schwimmenden Schläuchen sollen verhindern, dass das Öl an die Küste treibt. Eine der größten Ölkatastrophen ereignete sich 1989, als der Supertanker „Exxon Valdez" vor Alaska auf ein Riff lief. Dabei flossen 40 Millionen Liter Öl ins Wasser und 2000 Kilometer Küste wurden verseucht. Auch fast 20 Jahre danach haben sich diese Gewässer von den Folgen der Katastrophe immer noch nicht vollständig erholt.

Wie kam das Wasser auf die Erde?

Als die Erde vor über 4,5 Milliarden Jahren entstand, war sie noch glühend heiß und bestand aus flüssigem Gestein. In den nächsten Jahrmillionen verlor die Erde viel Wärme und so erstarrte ihre Oberfläche langsam zu einer festen Kruste. Das geschah aber nicht gleichmäßig, denn die bereits festen Gesteinsschichten sanken in die noch flüssigen ein. Dadurch bildeten sich weitläufige Vertiefungen, die die späteren Tiefseebecken bildeten. Die Erde kühlte langsam ab und dabei stieg heißer Wasserdampf auf und bildete eine dichte Wolkenschicht. Als die Erde schon deutlich kühler war, begann es aus der dicken Wolkenschicht heftig zu regnen. Von diesem Zeitpunkt an regnete es jahrtausendelang ununterbrochen. Anfangs verdampfte das Wasser auf den heißen Gesteinen und stieg als Dampf wieder auf, worauf es noch mehr regnete. Als aber die Temperatur auf der Erde weiter fiel, verdampfte immer weniger Wasser und das Regenwasser sammelte sich in den riesigen Tiefseebecken.

Was bezeichnet man als Panthalassa?

Vor etwa 300 Millionen Jahren waren alle Landmassen der Erde zu einem riesigen Kontinent vereint, den man Pangäa nennt. Dieser Superkontinent war von einem gewaltigen Urmeer um-

geben, dem Panthalassa. Manche Wissenschaftler vermuten, dass es vor Pangäa vor ein bis zwei Milliarden Jahren sogar einen noch größeren Erdteil und einen noch größeren Urozean gegeben habe. Es gibt dafür aber bislang keine Beweise.

Wie unsere Kontinente entstanden sind

Vor 300 Millionen Jahren — Superkontinent Pangäa — Urozean Panthalassa

Vor 250-65 Millionen Jahren — Laurasia — Gondwana — Tethys

Heute — Nordamerika, Europa, Asien, Afrika, Südamerika, Australien, Antarktis

Kindergrafik 0096

Was ist die Tethys?

Als Tethys wird in der Erdgeschichte ein riesiges Meer bezeichnet, das vor etwa 250 bis 65 Millionen Jahren existierte. Als der Riesenkontinent Pangäa in zwei Teile zerbrach, schob sich dieses Meer zwischen den neu entstandenen nördlichen Teil (Laurasia) und den neu entstandenen südlichen Teil (Gondwana). Das heutige Mittelmeer zwischen Südeuropa und Nordafrika ist ein Rest des Tethysmeers.

Können sich Ozeane verändern?

Meere und Ozeane befinden sich in ständiger Veränderung. Sie dehnen sich aus und schrumpfen auch. So entstand beispielsweise vor etwa 300 Millionen Jahren der Superkontinent Pangäa, als alle Landmassen zusammenstießen. Dabei wurden auch die meisten Meere zusammengedrückt. Vor etwa sechs Millionen Jahren trocknete das Mittelmeer fast aus, als der bis dahin unbehinderte Wasserzulauf gekappt wurde. Denn die Straße von Gibraltar schloss sich nach dem Zusammenstoß von Afrika und

Geschichte und Forschung

Europa. Erst etwa eine Million Jahre später füllte sich das Mittelmeer wieder. Der Atlantik wurde höher und so gelangte das Wasser in Form von gewaltigen Wasserfällen zurück in das trockene Gebiet. In der letzten Eiszeit vor etwa 10.000 Jahren wurde so viel Wasser zu Eis, dass der Meeresspiegel auf der Erde um 90 Meter fiel. Wer wollte, konnte Amerika von Asien aus zu Fuß erreichen!

Wie sahen die Menschen früher das Meer?

Lange Zeit nahmen die Menschen an, dass das Meer ein ruhig dahinströmender und tiefer Fluss sei. Man glaubte auch, die Erde sei eine Scheibe. Auf einer 2500 Jahre alten Weltkarte sieht man, wie dieser „Fluss" die scheibenförmige Erde von allen Seiten umfließt. Schon damals gab es kühne Seefahrer, die sich weit auf das unbekannte Meer hinauswagten. Auch wenn sie zu neuen Erkenntnissen gelangten, änderte sich die Vorstellung vom Meer und von der Erde in den Köpfen der Menschen jedoch nur langsam.

Welche Völker unternahmen die ersten Entdeckungsfahrten auf dem Meer?

Schon vor vielen Jahrtausenden überquerten die Menschen das Meer im Kanu oder Floß und besiedelten unbewohnte Kontinente. Menschen der Altsteinzeit, die Ureinwohner Australiens, kamen vor mindestens 60.000 Jahren über das Meer aus Südostasien. Seit etwa 3000 vor Christus weiß man von seefahrenden Völkern Ozeaniens, die Entdeckungsfahrten zu den Inseln des südlichen Pazifiks unternahmen. Schon vor über 4000 Jahren überquerten Seefahrer und Händler in Schilfbooten das Arabische Meer.

Wer waren die größten Seefahrer Europas im Mittelalter?

Die Wikinger aus Nordeuropa galten im frühen Mittelalter (etwa 800—1000 nach Christus) als die größten Seefahrer Europas. Sie überquerten auch den Atlantik und ließen sich in Grönland, Island und Neufundland nieder. Wahrscheinlich kamen die Wikinger sogar bis nach Nordamerika. Experten sind sich heute einig, dass Amerika eigentlich durch die Wikinger entdeckt wurde und nicht erst durch Christoph Kolumbus. Trotzdem gilt er als der Entdecker dieses Doppelkontinents.

Die Wikinger waren die größten Seefahrer des Mittelalters.

Was bewies Thor Heyerdahl?

Thor Heyerdahl (1914–2002) war ein norwegischer Naturwissenschaftler, Entdecker und Forschungsreisender. Berühmt wurde er, als er mit seinem Floß Kon-Tiki von Südamerika zu den polynesischen In-

Thor Heyerdahl

seln (in der Südsee) segelte. Damit bewies er, dass Menschen schon lange vor den europäischen Seefahrern diese Überfahrt unternommen haben könnten. 1970 segelte Heyerdahl mit einem selbst gebauten Schilfboot erfolgreich von Marokko bis in die Karibik (Atlantik). Mit dieser Fahrt wollte er beweisen, dass die alten Ägypter schon vor Jahrtausenden in ähnlichen Booten von Nordafrika nach Amerika gesegelt sein könnten.

Ein Boot aus Tierhäuten

Der britische Abenteurer Tim Severin segelte 1976/77 mit dem Boot „Brendan", das aus Ochsenhaut gebaut worden war, von Irland nach Neufundland (Kanada). Er hatte durch alte Quellen erfahren, dass ein irischer Mönch in einem aus Tierhäuten gefertigten Boot um 570 nach Christus so Nordamerika erreicht habe. Severin wollte mit seiner Reise beweisen, dass es in einem ähnlich gebauten Boot möglich war — was ihm auch gelang!

Warum suchten Seefahrer schon früh einen Weg nach Indien?

Der Grund für die Suche nach einem Seeweg nach Asien war der Handel mit Waren, die es in Europa nicht gab, vor allem mit Gewürzen und anderen wertvollen Dingen. Die Seefahrer wollten dort Handelsverbindungen aufbauen, denn der Handel wurde damals von arabischen Händlern kontrolliert. Die Europäer mussten ihre Waren über Land durch arabisches Gebiet nach Europa transportieren und dafür hohe Steuern zahlen. Außerdem fanden zu Beginn des 15. Jahrhunderts viele Kriege in diesen Gebieten statt. Die Seefahrer glaubten, dass sie ihre Waren ohne Probleme nach Europa bringen könnten, wenn sie einen Seeweg nach Ostasien entdeckten. Es war vor allem Heinrich der Seefahrer (1394–1460), Prinz von Portugal, der den Anstoß zu den großen Entdeckungsreisen europäischer Seefahrer gab.

Welches war die berühmteste Seereise Kolumbus'?

Auf der Suche nach einem westlichen Seeweg von Europa nach Indien segelte Christoph Kolumbus (1451–1506), der große italienische Seefahrer, im Auftrag der spanischen Krone nach Westen über den Atlantik. Stattdessen erreichte er auf seiner berühmten Reise, die er 1492 antrat, jedoch Inseln in der Karibik, die er für Inseln Vorderindiens hielt. Dabei hatte er Amerika (wieder)entdeckt, einen Doppelkontinent, der den Europäern bis dahin völlig unbekannt war.

Geschichte und Forschung

Wer umsegelte als Erster die Welt?

Ferdinand Magellan (1480–1521), ein portugiesischer Seefahrer, umsegelte als Erster erfolgreich die Welt. Er begann seine Reise in Spanien und segelte 1519 mit fünf Schiffen in Richtung Westen los. Magellan überquerte den Atlantischen Ozean und den Pazifik, wo er 1921 die Philippinen entdeckte. Auf einer der Inseln wurde er von den Inselbewohnern im Kampf getötet. Juan Sebastián Elcano, einer seiner Kapitäne, übernahm das Kommando und brachte von den anfänglich fünf Schiffen nur eines 1522 nach Spanien zurück.

Magellan umsegelte als Erster die Welt.

War war die erste Weltumsegelung so wichtig?

Durch die Weltumsegelung wurde endgültig bewiesen, dass die Erde eine Kugel ist. Darüber hinaus erkannte man, dass Christoph Kolumbus nicht einen Seeweg nach Indien (Asien) gefunden, sondern einen bis dahin unbekannten Kontinent entdeckt hatte. Außerdem war nun klar, dass es ein zusammenhängendes Weltmeer gibt.

Welcher Europäer erreichte Indien als Erster auf dem Seeweg?

Vasco da Gama (um 1469–1524) war ein portugiesischer Seefahrer und erreichte als erster Europäer Indien auf dem Seeweg. Im Auftrag des portugiesischen Königs segelte er 1497 mit vier Schiffen los. Seine Reiseroute ging von Portugal bis zum Kap der Guten Hoffnung an der Südspitze Afrikas, von dort weiter entlang der Ostküste Afrikas bis Malindi (einer Stadt im heutigen Kenia) und schließlich nach Nordosten zur Westküste Indiens. Diese erreichte da Gama im Jahr 1498.

Kolumbus' berühmte Schiffe

Christoph Kolumbus, der Seefahrer aus Genua (Italien), brach 1492 zu seiner wohl berühmtesten Reise auf. Mit seinen Schiffen „Santa Maria", „Niña" und „Pinta" segelte er im Auftrag der spanischen Königin Isabella über den Atlantik und erreichte die Bahamas (Karibik), die er allerdings für die Inseln Vorderindiens hielt. Auf der Rückfahrt erlitt die „Santa Maria" Schiffbruch. Kolumbus erreichte mit den beiden anderen Schiffen 1493 wieder Spanien.

Was entdeckte Vitus Bering?

Es war Vitus Bering (1681–1741), ein dänischer Seefahrer, der die Entdeckung machte, dass Asien und Nordamerika nicht miteinander verbunden sind. Im Rahmen einer Expedition segelte er im Auftrag des russischen Zaren 1728 von Kamtschatka (im Nordosten Sibiriens) los und fuhr durch die heute nach ihm benannte Meeresstraße. Damit erbrachte Bering den Beweis, dass die Kontinente Asien und Nordamerika voneinander getrennt sind.

Welcher Europäer erreichte als Erster Neuseeland?

Der niederländische Seefahrer Abel Tasman (1603–1659) war 1642 der erste Europäer, der Neuseeland erreichte. Er ging jedoch nicht an Land, sondern segelte weiter nach Norden, wo er 1643 die Tongainseln und die Fidschi-Inseln entdeckte. Außerdem fand Tasman die australische Insel Tasmanien im Südosten Australiens, die auch nach ihm benannt ist, sowie einige Südseeinseln.

Tasmanien wurde nach dem Seefahrer Abel Tasman benannt.

Warum war James Cook ein bedeutender Seefahrer?

James Cook (1728–1779) war ein britischer Seefahrer und Entdecker. Er wurde berühmt durch seine drei Entdeckungsreisen, die er von 1768 bis 1779 im Südpazifik unternahm. 1778 entdeckte er die Sandwich-Inseln (heute Hawaii). Seine große Bedeutung geht allerdings auf seine handgezeichneten Karten von großen Teilen des Pazifischen Ozeans mit den zahlreichen Inseln sowie der Westküste des heutigen Alaska zurück. Cooks Karten trugen viel dazu bei, eine bessere Vorstellung davon zu bekommen, wie die Erde mit ihren Kontinenten, Inseln und Ozeanen eigentlich aussieht. Er wurde auf den Sandwich-Inseln bei einem Streit mit den Inselbewohnern getötet.

James Cook

Welcher Europäer gilt als Wiederentdecker Nordamerikas?

Giovanni Caboto (um 1450–1498), ein italienischer Seefahrer, gilt als erster „moderner" Seefahrer, der Nordamerika erreichte. Er segelte 1497 von Bristol (England) los und landete in Nova Scotia (Kanada). Danach fuhr an den Küsten Nordamerikas entlang. Er glaubte jedoch, dass er Nordostasien erreicht hätte. Auf seiner nächsten Reise ab 1498, die ihn nach Japan führen sollte, starb Caboto.

Geschichte und Forschung

Was ist Navigation?

Seeleute bestimmen den Standort und den Kurs (die Fahrtrichtung zum Zielort) ihres Schiffs mithilfe besonderer Instrumente und halten ebenfalls mit deren Hilfe diesen Kurs. Diese Wissenschaft nennt man Navigation (auch bei Flugzeugen).

Welche Seefahrer verwendeten erstmals einen Kompass?

Man nimmt an, dass die chinesischen Seefahrer die Ersten waren, die bereits um 1100 einen magnetischen Kompass als Navigationsinstrument verwendeten. Um 1200 waren auch die meisten europäischen Schiffe mit einem solchen Kompass ausgerüstet. Der Kompass ist noch heute ein wichtiges Instrument für die Schifffahrt (auch für Flugzeuge). Er dient zur Bestimmung der Himmelsrichtungen. Der Magnetkompass verfügt über eine Magnetnadel, die anzeigt, in welcher Richtung Norden und in welcher Richtung Süden liegt. Das Prinzip beruht darauf, dass die Erde ein riesiger Magnet ist (Erdmagnetismus). Darum zeigt die Kompassnadel immer in die gleiche Richtung und richtet sich nach dem Nord- und Südpol des Erdmagnets aus. Auf dem Kompass ist auch angegeben, wo Osten und wo Westen ist. Schon die frühen Seefahrer nutzten das Erdmagnetfeld, um auf hoher See nicht die Orientierung zu verlieren.

Ein Kompass hilft bei der Orientierung auf See.

Was ist ein Sextant?

Ein Sextant ist ein moderner Winkelmesser, mit dem der Steuermann den Winkel zwischen dem Horizont und der Sonne an ihrem höchsten Stand misst. So kann er den genauen Standort auf See bestimmen. Der Sextant wurde um 1730 entwickelt und löste den Jakobsstab ab. Er besteht meist aus einem Fernrohr, einem Zeigerarm, einem Gradbogen und Spiegeln. Der Steuermann sieht durch das Fernrohr und dreht den Zeigerarm so lange, bis sich das Bild eines Gestirns im anderen Spiegel mit dem Horizont deckt. Der Steuermann liest vom Gradbogen die Höhe des Gestirns ab und kann so den Breitengrad berechnen.

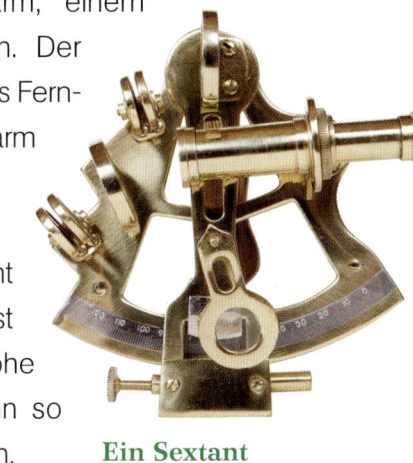

Ein Sextant

Wer erfand das Schiffschronometer?

Das Schiffschronometer ist eine sehr genau laufende Uhr und wurde von dem britischen Uhrmacher John Harrison (1693–1776) im Jahr 1760 erfunden. Damit konnte ein Schiffskapitän die geografische Länge durch den Vergleich der Londoner Zeit mit der örtlichen Mittagszeit berechnen. Auf diese Weise war es ihm möglich, die Ost-/Westposition genau zu bestimmen. Die Bestimmung der Längengrade war bis zu dieser Zeit nicht möglich gewesen. Erst die Erfindung präzise gehender Uhren brachte diesen Fortschritt.

Die Längen- und Breitengrade

Die Längen- und Breitengrade sind wichtig, wenn man einen Standort auf der Erde bestimmen will. Sie bilden ein gedachtes Netz aus Breitengraden, die parallel zum Äquator verlaufen, und aus Längengraden, die zwischen Nordpol und Südpol verlaufen. Die Breite gibt die Lage eines Punktes nördlich oder südlich vom Äquator an. Die Längengrade verlaufen parallel zum Nullmeridian, der die Erde in eine östliche und eine westliche Hälfte teilt. Die Länge gibt also die Lage eines Punktes im Osten oder Westen des Nullmeridians (Längengrad des Greenwich-Observatoriums bei London) an. Wenn du deinen Standort angeben willst, musst du den Längen- und den Breitengrad herausfinden. Dort, wo sie sich kreuzen, befindest du dich.

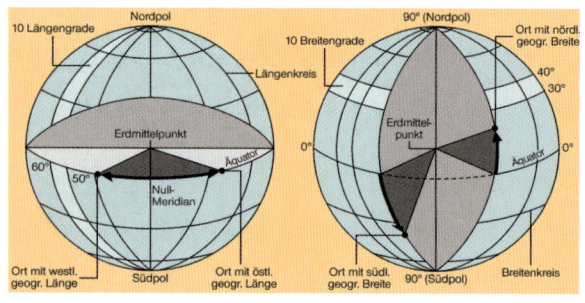

Längen- und Breitengrade

Wie wurden früher Breitengrade berechnet?

Auch die frühen Seeleute besaßen Instrumente, mit denen sie ihre Position auf hoher See bestimmen konnten. Der Jakobsstab war ein einfaches, mittelalterliches Messinstrument. Nachts hielt der Steuermann den senkrechten Stab vor das Auge und verschob den Querstab so, dass er ihn mit dem Horizont und einem Stern in Deckung brachte. Die Einteilung auf dem Stab gab die Höhe des Sterns an. So konnte er den Standort (Breitengrad) des Schiffes bestimmen. Der Jakobsstab war ein Vorläufer des Sextanten. Am Tage benutzten die Seefahrer ein Astrolabium, ein Instrument aus Messing, mit dem man die Position von Himmelskörpern bestimmen konnte. Der Kapitän maß am Mittag den Stand der Sonne und berechnete so den Breitengrad. Diese Instrumente wurden bis zum 18. Jahrhundert eingesetzt.

Was ist Radar?

Radar ist ein Verfahren zur Erkennung, Ortung und Entfernungsmessung von Gegenständen. Es funktioniert mithilfe elektromagnetischer Wellen sehr kurzer Wellenlänge. Der Name ergibt sich aus den Anfangsbuchstaben der englischen Bezeichnung „Radio Detecting and Ranging". Das heißt auf Deutsch etwa „Ortung und Entfernungsmessung mit Funkwellen". Radargeräte können aus Entfernungen von mehreren Hundert Kilometern zum Beispiel die Bewegungen von Schiffen und Flugzeugen verfolgen, selbst in der Dunkelheit oder wenn Wolken die Sicht verhindern. Eine große Radarantenne sendet kurze Signale von Funkwellen aus. Treffen diese auf ein Schiff oder Flugzeug, werden sie von ihm zurückgeworfen. Das Radargerät empfängt diese zurückgeworfenen Funkwellen und wandelt sie auf dem Radarschirm in sichtbare Punkte um. Aus der Richtung der Impulse und dem Winkel zum Horizont kann das Gerät die Lage des Schiffes (oder Flugzeugs) bestimmen. Das Radarsystem benötigte eine lange Entwicklungszeit und konnte erst gegen Ende des Zweiten Weltkriegs (1939—1945) erfolgreich eingesetzt werden.

Geschichte und Forschung

Welche Bedeutung hat Gerhard Mercator für die Seefahrt?

Gerhard Mercator (1512—1594) war ein flämischer Geograf, Kartograf, Mathematiker und Philosoph. Er wurde durch seine großen Weltkarten und seine Globen berühmt. Gegen Ende des 16. Jahrhunderts wandte er auf seinen Karten eine neue Art der Darstellung an. Auf ihnen waren Längen- und Breitengrade eingezeichnet, was vor allem für die Seefahrt von großem Nutzen war. 1569 wandte er erstmals die nach ihm benannte Mercatorprojektion an. Er verwendete für eine Weltkarte die Zylinderform. Diese Karte hat den Vorteil, dass sie alle Richtungen sehr genau angibt, was besonders bei der Seefahrt wichtig ist.

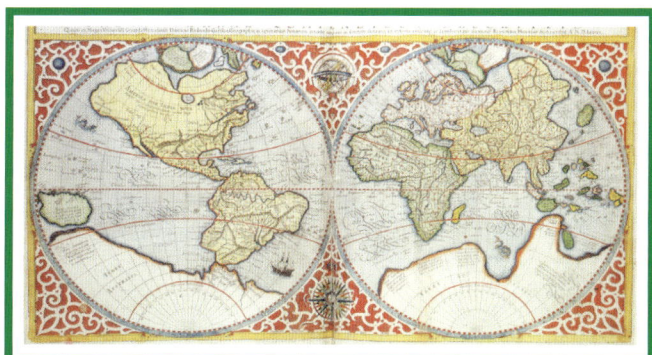

Gerhard Mercator wurde auch durch seine Weltkarten berühmt.

Wozu dient ein Echolot?

Ein Echolot ist ein Gerät, mit dem man die Wassertiefe messen kann, indem man Schallwellen nutzt. Unter Schall versteht man Schwingungen und Wellen, die wir mit unserem Gehör nicht wahrnehmen können. Den Schall (Widerhall), der von einem Hindernis zurückgeworfen wird, bezeichnet man als Echo. Das Echolot der Schiffe nutzt dieses Prinzip, um die Tiefe von Schiffsfahrtswegen zu messen. Dabei wird der Schall vom Schiffsboden auf den Meeresboden geschickt und von dort als Echo zum Schiff zurückgeworfen. Aus der Zeit, die der Schall hin und zurück braucht, lässt sich die Meerestiefe errechnen.

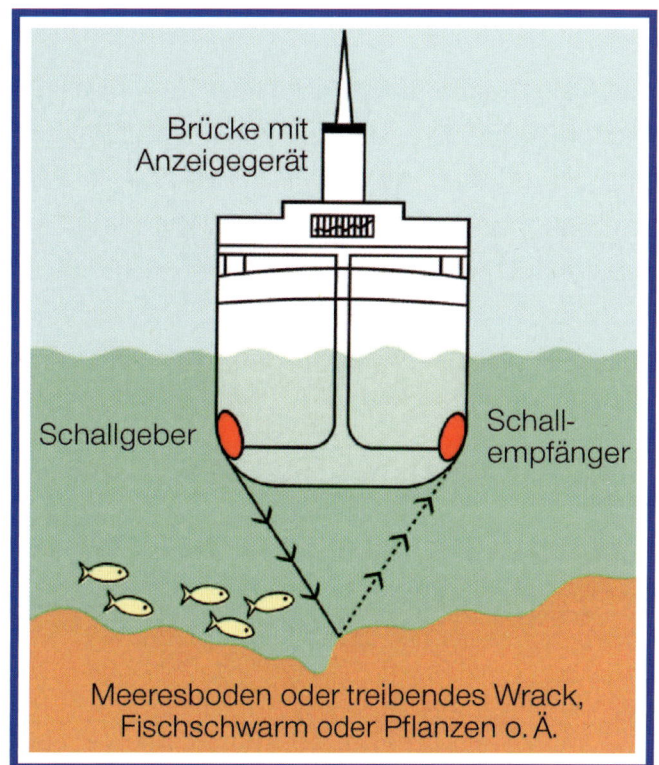

Brücke mit Anzeigegerät

Schallgeber

Schall-empfänger

Meeresboden oder treibendes Wrack, Fischschwarm oder Pflanzen o. Ä.

Funktionsweise eines Echolots

Wie bestimmte man früher die Meerestiefe?

Auch vor der Erfindung des Echolots mussten die Seeleute die Meerestiefe bestimmen, um gefährliche Stellen umfahren zu können. Dazu verwendeten sie ein Handlot. Das ist eine Schnur, an deren Ende sich ein Bleigewicht befindet. Man lässt das Lot ins Meer hinab. Wenn der Meeresboden erreicht ist, lässt die Zugkraft nach und die Schnur ist nicht mehr straff. An der Länge der Lotleine kann man dann die Meerestiefe bestimmen.

Wann begann die Erforschung der Tiefsee?

Die moderne Wissenschaft vom Meer nennt man Ozeanografie. Die systematische Erforschung der Ozeane begann erst Mitte des 19. Jahrhunderts, als Biologen Lebewesen aus über 4000 Meter Tiefe heraufholten. Bis dahin glaubte man, dass unterhalb von 750 Meter Tiefe weder Pflanzen noch Tiere existieren. Daraufhin unternahmen mehrere Wissenschaftler mit dem englischen Forschungsschiff „Challenger" von 1872 bis 1876 eine Meeresexpedition rund um die Erde und legten in dieser Zeit über 100.000 Kilometer durch die Weltmeere zurück. Sie maßen Temperaturen, nahmen Wasserproben, untersuchten das Wasser sowie Tiere und Pflanzen des Meeres und beobachteten Meeresströmungen. Nachdem sie alles ausgewertet hatten, wusste man mehr über die Meere und Meereslebewesen als jemals zuvor.

Jacques Piccard und Don Walsh erreichten 1960 mit dem Bathyskaph „Trieste" den Meeresboden.

Wer erfand den ersten Bathyskaph?

Ein Bathyskaph ist ein Unterseeboot für große Tiefen. Er wurde von dem schweizerischen Physiker Augus-te Piccard (1884—1962) erfunden und 1954 gebaut. Es war das erste Tauchgerät, mit dem man in die tiefsten Bereiche des Meeres, in die Tiefseegräben, vordringen konnte. Das erste Gerät konnte etwa 4000 Meter tief tauchen (1954). 1960 erreichten sein Sohn Jacques und der Amerikaner Don Walsh mit dem Bathyskaph „Trieste" im Marianengraben (Pazifik) in 10.916 Meter Tiefe den Meeresboden.

Wozu diente die Taucherkugel?

Die Taucherkugel (Bathysphäre) wurde von den amerikanischen Wissenschaftlern William Beebe und Otis Barton um 1930 entwickelt. Das ist eine hohle Stahlkugel mit dicken Wänden, die auch den Wasserdruck in großer Tiefe aushalten konnte. In ihrem Inneren befand sich eine Kabine für zwei Personen. Der Druck in dieser Kabine änderte sich im Wasser nicht. Mit dieser Taucherkugel konnten die beiden Amerikaner 1934 südlich von Bermuda (Atlantik) 923 Meter tief tauchen, was damals als eine Sensation galt. Aus ihrer „Tiefseekugel", die auch ein Sichtfenster hatte, konnten sie erstmals das Unterwasserleben in dieser großen Tiefe beobachten.

Welchen Rekord stellte Jacques Piccard auf?

Als Jacques Piccard zusammen mit seinem Kollegen Don Walsh 1960 im Marianengraben 10.916 Meter tief tauchte, stellten sie einen Tiefenrekord auf. Denn in eine größere Tiefe war bislang kein Mensch vorgedrungen. Das Tiefseeboot brauchte für diesen Abstieg etwa vier Stunden. In dieser Tiefe herrscht ein enormer Druck: 1100 Kilogramm pro Quadratzentimeter. Dort unten entdeckten Pic-

Schweißarbeiten unter Wasser

Um Öl und Gas von den Bohrinseln im Meer an Land zu pumpen, werden Rohre (Pipelines) am Meeresgrund verlegt. Das Schweißen gehört zu den Reparatur- und Wartungsarbeiten, die an Pipelines und Tiefseekabeln manchmal anfallen. Hierfür verwendet man heute Tauchboote mit Roboterarmen, die das Schweißen unter Wasser übernehmen. In dem Tauchboot sitzen Fachleute, die alles steuern, kontrollieren und mit der Oberfläche in Funkverbindung stehen.

card und Walsh tatsächlich Fische und andere Lebewesen und konnten dadurch beweisen, dass es Tiere gibt, die in dieser Tiefe unter sehr hohem Druck leben können.

Welche Aufgaben übernehmen Forschungstauchboote heute?

Heute gibt es vor allem kleine, wendige Tauchboote, die bis zu 6000 Meter tief tauchen können. Viele von ihnen haben nicht nur Scheinwerfer, Bullaugen und zahlreiche Messgeräte, sondern auch Greifarme aus Stahl, mit denen Proben vom Meeresboden aufgenommen werden können. Viele Tiefseetauchboote werden heute ferngesteuert, wie beispielsweise „Jason Junior". Dieses Tauchboot kann dorthin geschickt werden, wo es für große Tauchboote zu eng oder zu gefährlich ist. Es ist mit Videokameras ausgestattet, die wichtige

Aufnahmen machen, die später ausgewertet werden. Im Jahr 1985 wurde es zur Untersuchung des Wracks der „Titanic" im Atlantik eingesetzt.

Welches unbemannte U-Boot erkundete den Marianengraben?

Das japanische unbemannte Forschungsunterseeboot „Kaiko" tauchte 1996 bis zum tiefsten Punkt des Pazifischen Ozeans, dem Grund des Marianengrabens. Noch nie zuvor war eine Tiefe von über 11.000 Metern erreicht worden. Bei diesem Rekordtauchgang nahm „Kaiko" Proben vom Boden des Grabens und brachte sie an die Meeresoberfläche. Als die Wissenschaftler diese Sedimentproben untersuchten, konnten sie feststellen, dass in dieser unglaublichen Tiefe Tausende von Mikroorganismen — das sind winzigste Lebewesen — existieren.

Moderne Forschungstauchboote sind mit viel Technik ausgestattet.

Schiffe und Schifffahrt

Schon in der Urzeit nutzten die Menschen einfache Wasserfahrzeuge, um sich auf dem Wasser fortzubewegen. Schiffe erhielten schon früh eine große Bedeutung. Ohne Schiffe wären viele Entdeckungen nicht gemacht worden und manche Weltmacht wäre nicht entstanden. Und auch heute noch spielen Schiffe und die Schifffahrt eine sehr wichtige Rolle.

Segeln und Rudern angetrieben wurden. Mit Galeeren erreichten die Wikinger um 1000 nach Christus vermutlich sogar als Erste Nordamerika. Die europäischen Seefahrer im 15. Jahrhundert hatten schon große Segelschiffe mit zwei Masten (Karavellen), wie zum Beispiel die berühmten Schiffe von Christoph Kolumbus. Schiffe mit drei oder fünf Masten (Galeonen) wurden hauptsächlich für militärische Zwecke eingesetzt, wie beispielsweise in der Armada, der berühmten spanischen Flotte. Zu Beginn des 19. Jahrhunderts gab es eine sensationelle Erfindung — das Dampfschiff. Wenn auch die ersten Dampfschiffe noch zusätzliche Segel hatten, war die Entwicklung im Schiffsbau nicht mehr aufzuhalten.

Vom Einbaum zum modernen Tanker

Als älteste Form eines Wasserfahrzeugs gilt der Einbaum, der aus einem einzelnen Baumstamm besteht und innen so ausgehöhlt wird, dass ein bis zwei Personen darin Platz haben. Die ersten richtigen Schiffe bauten die alten Ägypter etwa um 3000 vor Christus aus Papyrus (Schilf). Dass man mit diesen Schilfbooten beachtliche Strecken zurücklegen konnte, bewies Thor Heyerdahl 1970, als er mit einem Nachbau von Marokko bis in die Karibik gelangte. Die Ägypter hatten auch die ersten Segelschiffe, mit denen sie schon vor 4000 Jahren den Nil befuhren. Die ersten großen Schiffe aus Holz bauten allerdings die Phönizier, die am östlichen Mittelmeer (im heutigen Libanon) lebten und um 1200 vor Christus die größte See- und Handelsmacht waren. Aus ihren Schiffen entwickelten sich später die Galeeren, große Kriegsschiffe, die von

Dampfschiffe wurde Anfang des 19. Jahrhunderts erfunden.

Anfang des 20. Jahrhunderts wurden die Schiffe noch von Dampfturbinen, später von Dieselmotoren angetrieben. Auch moderne Schiffe — vom Passagierschiff bis hin zum Öltanker — sind meistens Motorschiffe. Heute werden auch Turbinenschiffe eingesetzt, die entweder von Dampf- oder Gasturbinen oder auch von einem Atomreaktor angetrieben werden. Gas- und Atomturbinenschiffe findet man hauptsächlich im militärischen Bereich.

Moderne Schifffahrt

Die großen Schiffe aus Stahl, angetrieben von starken Motoren oder Turbinen, sind größer und schneller als die Wasserfahrzeuge der Vergangenheit. Heute durchkreuzen luxuriöse Kreuzfahrtschiffe, aber vor allem Frachtschiffe die Weltmeere. Sie transportieren Erdöl (Tankschiffe) und Güter in Containern (Containerschiffe), die dann auf Lastwagen oder mit der Eisenbahn an ihren Zielort gebracht werden. Von Bedeutung ist auch der Fährverkehr zum Beispiel zwischen Großbritannien und dem europäischen Festland. Hier werden Passagiere und Güter mit Luftkissenfahrzeugen oder Tragflächenbooten in sehr kurzer Zeit über den Ärmelkanal befördert.

Ein luxuriöses Kreuzfahrtschiff

Schifffahrtswege

Weil man heute sehr viel mit dem Flugzeug unterwegs ist — ob im Urlaub oder auf einer Geschäftsreise —, glaubt man vielleicht, dass auf den Weltmeeren nicht mehr so viele Schiffe fahren. Doch vor allem im Welthandel spielen Schiffe immer noch eine bedeutende Rolle. Die Meere und Ozeane sind von einem unsichtbaren dichten Netz aus Schifffahrtsstraßen überzogen. Durch künstlich angelegte Wasserwege sind manche Schiffsrouten inzwischen um Tausende von Kilometern kürzer geworden. Der Suezkanal in Ägypten führt seit 1869 162 Kilometer durch die Wüste und verbindet das Mittelmeer mit dem Indischen Ozean. Der Panamakanal in Mittelamerika verbindet seit 1914 den Atlantik mit dem Pazifik. Bis dahin mussten alle Schiffe einen Umweg um Südamerika herum machen, um zwischen den beiden Ozeanen zu verkehren. Durch diese beiden Abkürzungen zwischen den Ozeanen sparen große Hochseeschiffe heute über 10.000 Kilometer ein. Der gewaltige, jährlich wachsende Schiffsverkehr wird in großen Häfen auf der ganzen Welt abgewickelt. Die größten Handelshäfen der Welt sind Shanghai (China), Singapur und Rotterdam (Niederlande), die größten Häfen in Deutschland befinden sich in Hamburg und Bremen.

Der Hafen von Rotterdam

Wie arbeiten moderne Tauchfahrzeuge?

Die unbemannten Tauchboote, die man unter Wasser zu Forschungs- und anderen Zwecken einsetzt, werden normalerweise über lange Kabel von Schiffen an der Oberfläche gesteuert. Als das japanische Tauchboot „Kaiko" 1996 in den tiefsten Bereich der Ozeane tauchte, benötigte man ein zwölf Kilometer langes Kabel. Heute gibt es unbemannte Tauchfahrzeuge, die durch Computer gesteuert werden und keine Kabel mehr brauchen.

Mithilfe von Crittercams erhält man tolle Unterwasseraufnahmen.

Was ist eine Crittercam?

Eine Crittercam (englisch critter: „Tier, Kreatur"; cam: „Kamera") ist eine winzige Kamera, die man direkt am Körper eines Tieres anbringt und auf diese Weise dessen natürliches Verhalten beobachtet. Diese Methode zur Erforschung des Meeresbodens in Gebieten, die für Taucher und Tauchboote unerreichbar sind, erfanden Wissenschaftler 1986. Sie befestigten damals die winzige Kamera an einem Seehund und ließen ihn durch ein Eisloch frei. Als das Tier zum Atmen wieder an die Oberfläche kam, nahmen sie ihm die Kamera wieder ab.

Ein Unterwasser-Sichtgerät

So ein Gerät kannst du selbst basteln und damit das Leben in den Tümpeln zwischen den Küstenfelsen beobachten. Du brauchst dazu: ein langes, nicht zu dünnes Plastikrohr (etwa 30 Zentimeter lang), Klarsichtfolie und wasserfestes Klebeband. Stelle das Rohr auf die Klarsichtfolie und ziehe mit einem Filzstift einen Kreis darum. Den Kreis aus Klarsichtfolie musst du ausschneiden (bitte einen Erwachsenen um Hilfe) und ihn mit dem Klebeband gut am Rohr befestigen. Jetzt kannst du das Leben unter Wasser beobachten.

Was ist „Deep Flight"?

So heißt ein völlig neuer Typ von Tauchbooten. Es ist ein Tauch-Flugboot, das mit beweglichen Tragflächen und batteriebetriebenen Düsen durchs Wasser „fliegen" kann. Mit normalen Tauchbooten kann man zwar ganz sicher bis in 6000 Meter Tiefe gelangen, aber diese Boote sind unter Wasser nur schwierig zu steuern. „Deep Flight" hat ein geringeres Gewicht und ist aufgrund seiner Beweglichkeit besser zu manövrieren.

Wie untersucht man den Meeresboden heute?

In der modernen Meeresforschung werden viele verschiedene Spezialgeräte eingesetzt: Bohrer und

Geschichte und Forschung

Forscher holen Bodenproben aus dem Meer.

Bodengreifer, um Sedimente heraufzuholen, sowie Dredschen (Schleppnetze) zum Fangen von Tieren. Es gibt sogar Forschungsschiffe, um Tiefseebohrungen durchzuführen. „JOIDES Resolution" kann zum Beispiel noch in 8200 Meter Tiefe arbeiten und mit Bohrern über 2000 Meter tief in den Meeresgrund eindringen. Anhand dieser Bohrproben konnten Wissenschaftler neu entstehenden Meeresboden nachweisen.

Wozu dient ein Karussell-Wasserschöpfer?

Das ist ein Spezialgerät, mit dem man die Temperatur und die chemische Zusammensetzung des Meerwassers messen kann. Diese ziemlich große Anlage besteht aus einem Unterwasserteil mit 24 Flaschen, die in verschiedenen Tiefen Wasserproben schöpfen können, sowie einem Gerät, das an Bord bleibt, und einem Computer, der die Messwerte auswertet.

Was ist ein Sonar?

Als Sonar bezeichnet man ein Gerät, das in der Schifffahrt zur Navigation und Ortung eingesetzt wird. Der Name setzt sich aus den Anfangsbuchstaben der englischen Bezeichnung „Sound Navigation and Ranging" zusammen. Im Grunde ist ein Sonarsystem eine viel kompliziertere Form des Echolots. Die Schallwellen werden von den Hindernissen im Wasser zurückgeworfen und gemessen. Anhand der Ergebnisse kann man eine Karte des Meeresbodens erstellen.

Wie bestimmt man die Position von Schiffen?

Heute lässt sich der Standort eines Schiffes mithilfe eines GPS-Navigators auf einige Meter genau bestimmen. GPS ist die Abkürzung für die englische Bezeichnung „Global Positioning System" (deutsch: Globales Positionsbestimmungssystem). Es funktioniert mithilfe von Satellitenfunk, also durch kabellose Nachrichtenübertragung über Weltraumflugkörper, die in die Erdumlaufbahn geschossen werden. Dort umkreisen sie ständig die Erde und senden Signale, die von einem speziellen Empfangsgerät (GPS-Gerät) auf der Erde (zum Beispiel auf dem Schiff) empfangen werden. Es misst die Zeit, die ein Signal braucht, um vom Satelliten zum Empfänger zu gelangen. So kann das Gerät die genaue Position berechnen. Dieses System wird auch in Flugzeugen und allen Militärfahrzeugen eingesetzt.

Mithilfe von GPS können verschollene Schiffe wiedergefunden werden.

Wie ist ein modernes Forschungsschiff ausgerüstet?

Schiffe, die ausschließlich für wissenschaftliche Zwecke gebaut werden, nennt man Forschungsschiffe. Sie zählen heute zu den wichtigsten Hilfsmitteln der Ozeanforscher. Noch vor wenigen Jahrzehnten mussten sie häufig Frachtdampfer oder Fischereischiffe mieten, um ihre Forschungen betreiben zu können. Heute gibt es weltweit über tausend Forschungsschiffe zur Wetterforschung, Fischereiforschung, Polarforschung und zur Erkundung von Rohstoffen. Zur typischen Ausrüstung gehören Geräte zum Absenken und Heben von Untersuchungsinstrumenten, geeignete Schleppvorrichtungen und auch eine Tiefseeankerwinde. Geräte zum Messen der Meerestiefe, Wetterbeobachtungsanlagen, Satelliten-Empfangssysteme, ein Hubschrauberlandeplatz sowie Werkstätten und Untersuchungslabors vervollständigen die Ausrüstung.

Moderne Forschungsschiffe können auch Extremsituationen meistern.

Was ist eine Bathysonde?

Das ist ein Gerät, mit dem man Temperatur, Dichte, Salzgehalt und Strömung im Meerwasser messen kann. Es arbeitet nach dem Prinzip des Echolots und kann in beliebiger Tiefe eingesetzt werden. Eine Bathysonde wird von einem Forschungsschiff aus an einem Kabel ins Meer gelassen und sendet einen breiten Strahl von Schallimpulsen aus. Die zurückgeworfenen Signale werden von einem Computer als Karten des Kontinentalschelfs und des Meeresbodens dargestellt. Anhand der Zeit, die die Schallwellen brauchen, werden die oben genannten Eigenschaften bestimmt. Eine Bathysonde kann pro Sekunde eine Fläche von etwa 500 Metern Durchmesser abtasten.

Was versteht man unter Meeresbiologie?

Die Meeresbiologie ist ein Zweig der Ozeanografie (der Wissenschaft vom Meer). Sie beschäftigt sich ausschließlich mit Meereslebewesen und untersucht deren Lebensräume, Körperbau und Verhalten. Die Meeresbiologie erforscht auch die Wanderungen und Fortpflanzung von Fischen und untersucht die Wirkungen von Gift- und Abfallstoffen (die von Menschen ins Meer geworfen werden) auf die Pflanzen und Tiere des Meeres.

Wodurch wurde Jacques Cousteau berühmt?

Jacques Cousteau (1910—1997), ein französischer Meeresforscher, wurde vor allem durch seine Fernsehdokumentarfilme über die Meere (Geheimnisse des Meeres, 1968—1981) weltweit bekannt. Die meisten seiner Expeditionen unternahm er auf seinem ebenso berühmten Forschungsschiff „Calypso". Cousteau entwickelte eine Reihe von Forschungsunterseebooten, Unterwasserlabors sowie Kameras für die Unterwasserfotografie.

Geschichte und Forschung

Ein Kapitän

Welche Berufe beschäftigen sich mit dem Meer?

Es gibt sehr viele Berufe, die mit dem Meer zusammenhängen. Dazu zählen beispielsweise Seefischer, Fischfarmer oder Fischzüchter, Tiefseeforscher, Unterwasserarchäologen und Taucher. Eine wichtige Rolle spielen die Mitarbeiter von Seenotrettungsdiensten, die das Meer überwachen und beispielsweise Schiffbrüchige retten. Natürlich gibt es noch die Berufe, die man auf einem Schiff ausüben kann — vom Kapitän bis zum Matrosen.

Taucher können als Unterwasserarchäologen tätig sein.

Was ist die „Tauchende Untertasse"?

So wird das Tauchboot SP 350 bezeichnet, das von Jacques Cousteau 1960 konstruiert wurde und einer Untertasse ähnelt. In diesem Tauchboot haben zwei Forscher Platz. Sie können damit bis zu 365 Meter tief tauchen, dabei filmen und auch Proben entnehmen. Das Besondere an diesem Tauchboot ist, dass es auf dem Forschungsschiff „Calypso" untergebracht ist. Es wird mit einem Spezialkran ins Wasser gelassen und wieder hochgehievt.

Was machen Tiefseeforscher genau?

Diese Wissenschaftler erforschen das Meer. Sie haben meist Biologie, Geologie, Mathematik oder Physik studiert, sich aber auf Meeresforschung spezialisiert. Tiefseeforscher arbeiten im Labor oder auf Forschungsschiffen, nehmen Meeresproben und untersuchen diese mithilfe verschiedener Methoden und Geräte. Wichtige meeresbiologische Institute in Deutschland befinden sich an den Universitäten Kiel und Bremerhaven.

Welche Aufgaben hat ein Taucher?

Taucher werden in den verschiedensten Bereichen beschäftigt. Rettungstaucher arbeiten bei der Feuerwehr, im Katastrophenschutz oder bei der Wasserwacht. Manche Taucher sind Mitarbeiter der Polizei und suchen in Gewässern nach vermissten Personen oder Gegenständen. Taucher der Bundeswehr werden als Minentaucher oder bei Katastrophen eingesetzt. Industrietaucher arbeiten am Bau von Ölplattformen oder im Tiefbau. Forschungstaucher können an wissenschaftlichen Instituten tätig sein, an Meeresexpeditionen teilnehmen oder als Unterwasserarchäologen arbeiten.

Warum müssen Taucher langsam auftauchen?

Wenn ein Taucher zu schnell auftaucht, kann er von der sogenannten Taucherkrankheit befallen werden. Denn beim Auftauchen bilden sich Stickstoffbläschen im Blut, die die Blutgefäße verschließen und dadurch starke Schmerzen verursachen können. Manchmal kommt es zu dauerhaften körperlichen Schäden oder sogar zum Tod. Auch Taucher, die zu tief hinabsteigen oder zu lange unten bleiben, zeigen ähnliche Krankheitsanzeichen. Bei leichten Beschwerden verschwinden die Symptome bald, wenn man dem Taucher reinen Sauerstoff verabreicht. Sonst muss der Betroffene in eine Druckkammer (Dekompressionskammer). Durch den erhöhten Luftdruck werden die Bläschen aufgelöst. Anschließend senkt man den Luftdruck langsam wieder auf ein normales Maß.

Taucher müssen sehr langsam auftauchen.

Wie sahen die ersten Taucherglocken aus?

Eine Taucherglocke ist ein großer Behälter, der mit Luft gefüllt ist. Da er ziemlich schwer ist, schwimmt er nicht auf dem Wasser, sondern sinkt ab. Die ersten Taucherglocken wurden bereits ab Mitte des 16. Jahrhunderts eingesetzt. Die ersten Modelle waren aus Holz, unten offen und hatten noch keine Sauerstoffversorgung. Beim Herunterlassen des Kastens wurde der Luftdruck innen mit dem Wasserdruck ausgeglichen. So konnte der Taucher im Wasser seine Arbeit erledigen, kam wieder in die Glocke, holte Atem und ging wieder an seine Arbeit. Das machte er so lange, bis die Luft verbraucht war und die Taucherglocke wieder nach oben geholt wurde. So konnten die Taucher zwei bis etwa 15 Minuten unter Wasser bleiben.

Wer erfand die Taucherglocke mit Luftversorgung?

Der englische Naturwissenschaftler Edmond Halley (1656—1742) entwickelte 1691 eine Taucherglocke, die unter Wasser mit Frischluft versorgt werden konnte. Er ließ außer der Taucherglocke noch Fässer mit Frischluft ins Wasser, die über einen langen Schlauch mit der Glocke verbunden waren. Die Fässer mussten tiefer liegen als die Glocke, damit man die frische Luft hineinleiten konnte. Mithilfe dieser Methode konnte die Frischluft in der Glocke erneuert werden und der Taucher länger unter Wasser bleiben — bis zu 1,5 Stunden in etwa 15 Meter Tiefe! Moderne Taucherglocken werden auch heute noch für verschiedene Unterwasserarbeiten eingesetzt.

Wie schützen sich Tiefseetaucher vor dem zu hohen Druck?

Am Grund der Ozeane erzeugt das Gewicht des Wassers einen enormen Druck. In den größten Tie-

Geschichte und Forschung

fen ist er mehr als 1000-mal so hoch wie an der Wasseroberfläche. Der menschliche Körper kann einen solchen Druck nicht aushalten. Deshalb können Taucher, ausgerüstet mit einem speziellen Atemgerät, ungeschützt nur etwa 500 Meter tief tauchen. Tiefseetaucher müssen einen Spezialanzug tragen, der sie vor dem zu hohen Druck schützt. Dieser Anzug besteht aus einem sehr starken speziellen Stoff. Er

Ein Helmtauchgerät

sorgt dafür, dass der Mensch nicht durch den Druck zusammengequetscht wird. Deshalb sind Druckanzüge sehr schwer und unbeweglich. Diese Anzüge werden nur für besondere Beobachtungsaufgaben verwendet.

Seit wann gibt es Helmtauch-geräte?

Als Helmtauchgerät bezeichnet man einen Taucherhelm, der mit einem Tauchanzug verbunden ist. Das erste Modell gab es bereits zu Beginn des 18. Jahrhunderts. Dabei handelte es sich allerdings eher um ein Holzfass mit Sichtfenster. Der Taucher musste sich hineinlegen, konnte die Arme durch zwei Öffnungen ausstrecken und wurde mithilfe eines Blasebalgs mit Luft versorgt. Aber er konnte immerhin Arbeiten in bis zu 20 Meter Tiefe erledigen. Das klassische Helmtauchgerät, wie wir es heute kennen, entwickelte August Siebe (1788—

1872), ein Brite deutscher Herkunft, im Jahr 1838. Es war mit einem Anzug verbunden und hatte bereits alle wesentlichen Merkmale, die moderne Helmtauchgeräte von heute besitzen.

Was versteht man unter Freitau-chen?

Von Freitauchen spricht man, wenn jemand nur mit der eigenen Atemluft taucht. Vor dem Abtauchen atmet er ein und hat während seines Tauchvorgangs nur diese Luft zur Verfügung. Der Freitaucher trägt einen Tauchanzug, der ihn vor der Kälte im Wasser schützt, sowie Flossen, Maske und Schnorchel. Die besten Freitaucher können eine Tiefe von 150 Meter und mehr erreichen. Das ist allerdings dann nicht mehr ganz ungefährlich. Denn in diesen Tiefen werden die Lungen durch den Wasserdruck auf ein Sechzehntel ihrer Normalgröße zusammengedrückt. Dabei kann der Brustkorb zusammenfallen und der Taucher sterben.

Freitaucher tauchen nur mit ihrer eigenen Atemluft.

Wie arbeiten Unterwasserfotografen?

Ein Unterwasserfotograf bei der Arbeit

In diesem Buch findest du viele tolle Unterwasseraufnahmen mit sehr interessanten Lebewesen, die man sonst überhaupt nicht zu sehen bekommt. Diese außergewöhnlichen Bilder verdanken wir Unterwasserfotografen. Sie machen jedoch nicht nur Fotografien, sondern ermöglichen auch, dass wir die Tiefe der Meere im Fernsehen erleben können. Die Fotografen müssen mit Blitz oder Scheinwerfern arbeiten, denn je tiefer sie tauchen, desto dunkler wird es. Das künstliche Licht hat aber den Nachteil, dass es von Plankton und schwimmenden Teilchen reflektiert (zurückgeworfen) wird. Dann sieht es auf dem Bildschirm aus, als gäbe es im Meer einen Schneesturm!

Was machen Unterwasserarchäologen?

Archäologie ist allgemein die Wissenschaft, die sich mit Gegenständen und Kulturen der Vergangenheit beschäftigt. Die Archäologen müssen dafür häufig Grabungen machen, um Funde aus alten Zeiten freizulegen. Eine ähnliche Arbeit erledigen die Unterwasserarchäologen, nur eben unter Wasser. Dieser Wissenschaftszweig entwickelte sich eher zufällig, als Fischer immer wieder Kunstgegenstände in ihren Netzen fanden. Sie verkauften sie an Museen oder Sammler. Erst in den 1950er-Jahren begannen Wissenschaftler, mit modernen Tauchgeräten nach archäologischen Quellen in den Meeren zu suchen. Sie interessieren sich besonders für Wracks von Schiffen, die schon vor sehr langer Zeit untergegangen sind. Aber auch Reste antiker Kulturen liegen oft im Meer begraben, weil sie durch Erdbeben oder Flutwellen im Wasser versanken. Auch als der Meeresspiegel anstieg, verschwanden ganze Städte unter Wasser. Da der Wasserspiegel noch heute steigt, könnte es durchaus sein, dass viele der heutigen Städte oder Länder eines Tages unter Wasser liegen.

Ein Schiffswrack aus dem 16. Jahrhundert

Die „Mary Rose" war das Flaggschiff des Königs Heinrich VIII. von England (1491—1547) und sank 1545 während einer Seeschlacht gegen die Franzosen an der Südküste Englands. Erst 1967, mehr als 400 Jahre nach ihrem Untergang, wurde das Wrack entdeckt und 1982 geborgen. Die Reste des Rumpfes waren komplett mit Schlamm bedeckt und wurden nach und nach ausgegraben. Der hölzerne Rumpf wurde mit Chemikalien behandelt, um ihn haltbar zu machen. Heute ist er in einer Schiffswerft in Porthmouth (England) ausgestellt.

Geschichte und Forschung

Was sind Unterwasserlabors?

Die modernen Meeresforscher verwenden nicht nur Unterwasserfahrzeuge für ihre Arbeit, sondern auch feste Anlagen auf dem Meeresboden, die man als Unterwasserlabors bezeichnet. Eine schwimmende Versorgungsstation versorgt das Unterwasserlabor mit Energie und Druckluft. Sie gibt der Besatzung auch die Möglichkeit, mit der Oberfläche in Kontakt zu bleiben. Das erste Unterwasserlabor wurde von dem Meeresforscher Jacques Cousteau 1962 in der Nähe von Marseille (Frankreich) auf dem Meeresgrund errichtet. Darin lebten zwei Forscher in zehn Meter Tiefe eine Woche lang. Das erste deutsche Unterwasserlabor wurde BAH 1 genannt und ab 1967 eingesetzt. Seit 2003 steht es in einem Museum. Die ganz modernen Unterwasserlabors machen es möglich, dass Unterwasserforscher (Aquanauten) mehrere Wochen auf dem Meeresgrund leben und arbeiten können. Von ihren Unterwasserbehausungen aus können sie mit Tauchgeräten Ausflüge in die Umgebung unternehmen.

Ein russisches U-Boot mit Dieselmotor

Wie wurden U-Boote früher angetrieben?

Die Unterseeboote (U-Boote), die Anfang des 20. Jahrhunderts entwickelt wurden, hatten einen Dieselmotor, der sie antrieb. Da die elektrische Energie über Batterien gewonnen wurde, mussten die U-Boote in bestimmten Abständen auftauchen, um diese aufzuladen. Auch der Sauerstoff für die Mannschaft musste erneuert werden.

Wie heißt das erste militärische Unterwasserfahrzeug?

Ein amerikanischer Ingenieur baute 1776 ein Unterwasserfahrzeug aus Holz, das von Hand angetrieben wurde. Er nannte es „Turtle" („Schildkröte"), weil es tatsächlich ein bisschen an eine Schildkröte erinnert. Da das Fahrzeug nicht mit Sauerstoff versorgt werden konnte, konnte es nicht länger als eine halbe Stunde unter Wasser bleiben. Es wurde im Nordamerikanischen Unabhängigkeitskrieg eingesetzt, aber mit mäßigem Erfolg!

Ein Unterwasserlabor

Seit wann gibt es atomgetriebene U-Boote?

Atomgetriebene Unterseeboote wurden erstmals um 1950 gebaut. Das erste dieser U-Boote war die „USS Nautilus" der amerikanischen Marine, die 1954 ihren ersten Einsatz hatte. Der Vorteil von atomaren U-Booten ist, dass die Maschinen keine Luft brauchen und die Besatzung chemisch aufbereiteten Sauerstoff atmet. Diese U-Boote haben alle einen Atomreaktor, der dafür sorgt, dass sie ohne Kraftstoffnachschub über 60.000 Kilometer unter Wasser fahren können.

Wie ist ein U-Boot aufgebaut?

Ein modernes U-Boot hat einen wasserdichten länglichen Rumpf, der einer Zigarre ähnelt und sich aus einer inneren und einer äußeren Kammer zusammensetzt. Die innere Kammer (Druckkörper) muss den starken Druck in großen Tiefen aushalten. Sie ist in mehrere Bereiche unterteilt, in denen alle wichtigen Räumlichkeiten (zum Beispiel Mannschaftsräume, Maschinenraum, Tanks für Sauerstoff und Treibstoff, alle technischen Einrichtungen) untergebracht sind. In der äußeren Kammer befinden sich die Ballasttanks zum Ab- und Auftauchen.

Auf dem Rumpf ist der Turm, wo sich die Einstiegsluke, das Periskop (Sehrohr) sowie Funk- und Radarmasten befinden.

Wie kann ein U-Boot ab- und auftauchen?

Ein Unterseeboot benötigt zum Tauchen Ballast als zusätzliches Gewicht. Dafür gibt es die sogenannten Ballasttanks, die mit Luft gefüllt sind. Lässt man die Luft entweichen, strömt Wasser in diese Tanks. Durch das zunehmende Gewicht beginnt das Boot zu sinken. Zum Wiederauftauchen wird das Wasser aus den Tanks herausgelassen und Luft hineingepumpt. Dadurch wird das U-Boot wieder leichter und steigt auf.

Kabelnetz am Grund des Meeres

Im Jahre 1858 wurde das erste Telefonkabel durch den Atlantik verlegt. Da die Kabel nicht so gut isoliert waren, kam es nach einigen Wochen Betriebszeit zu Schäden, die man nicht mehr beheben konnte. Bald entwickelte man Transatlantikkabel, die besonders isoliert und daher auch langlebiger waren. In kürzester Zeit waren die Meere von einem Netz aus Kabeln durchzogen. Heute liegen auf dem Grund aller Meere dicke Tiefseekabel aus Glasfaser. Neben den Satelliten bieten sie die einzige Möglichkeit der Telekommunikation über sehr weite Strecken.

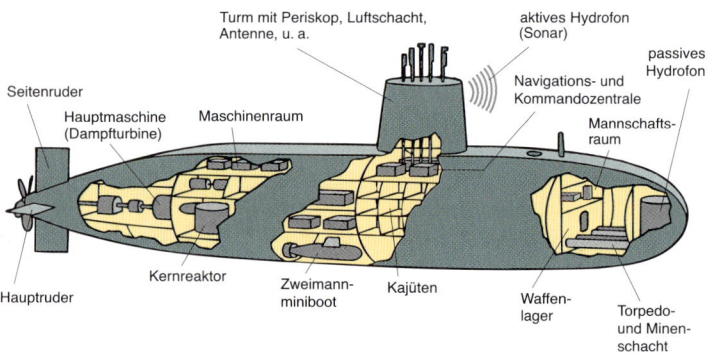

Turm mit Periskop, Luftschacht, Antenne, u. a.
aktives Hydrofon (Sonar)
passives Hydrofon
Navigations- und Kommandozentrale
Mannschaftsraum
Seitenruder
Hauptmaschine (Dampfturbine)
Maschinenraum
Kernreaktor
Zweimann-miniboot
Kajüten
Hauptruder
Waffenlager
Torpedo- und Minenschacht

Aufbau eines U-Boots

Wie wird ein U-Boot mit Frischluft versorgt?

Die Luft in einem U-Boot wird mit der Zeit verbraucht und muss daher ständig erneuert werden. Solange es über Wasser fährt, gibt es keine Probleme, denn die frische Luft lässt man einfach von außen herein. Fährt das U-Boot knapp unter der Wasseroberfläche, kann es noch mithilfe des Schnorchels mit Frischluft von außen versorgt werden. Viele U-Boote haben einen solchen Schnorchel im Turm. In größeren Tiefen wird die verbrauchte Luft in einer besonderen Anlage vom Kohlenstoff, den die Menschen ausatmen, gereinigt und mit frischem Sauerstoff angereichert.

Viele U-Boote haben einen Schnorchel im Turm.

Wie können sich U-Boot-Fahrer orientieren?

Der Kapitän eines U-Boots kann sich unter Wasser nicht auf Radar und Funk verlassen, da sie in der Tiefe des Meeres nicht zuverlässig arbeiten. Deshalb nutzen U-Boote bei Tauchfahrten das Sonar zur Orientierung. Sonar ist eine Abkürzung für die englische Bezeichnung „Sound Navigation and Ranging". Mit diesem Messgerät kann man Gegenstände im Wasser mithilfe von Schallwellen aufspüren und ihren Standort bestimmen. Auf diese Weise können U-Boote Hindernissen ausweichen.

Wie nutzen Meeresforscher die Satelliten?

Die künstlichen Erdsatelliten helfen den Forschen, riesige Gebiete der Meere und Ozeane gleichzeitig zu beobachten. Die vielen Forschungsschiffe und Messstationen sammeln zwar rund um die Erde Informationen über das Meer. Aber das Weltmeer ist so groß, dass sich diese Informationen nur als kleine Stichproben erweisen. Der erste ozeanografische Erdsatellit startete 1978 in Kalifornien und hatte innerhalb von 36 Stunden etwa 95 Prozent des Weltmeeres abgetastet. Die Ergebnisse dieser Fernmessungen wurden auf die Erde zurückgefunkt und von den Wissenschaftlern ausgewertet. Die moderneren Satelliten sind sogar noch leistungsstärker. Bei der Gewinnung wichtiger Daten wie Windgeschwindigkeit, Seegang und Wassertemperatur kann ein Satellit beinahe sämtliche Forschungsschiffe der Welt ersetzen. Wenn diese Fernüberwachung der Meere mit den Schiffsmessungen kombiniert werden, erhält man jedoch die besten Ergebnisse.

Satelliten sammeln Informationen über das Meer.

Register